텔레마케팅

임송국, 이수진, 김은희 공저

홍 익 출 판 사

머 리 말

소비자들의 지식수준과 제품 · 서비스에 대한 눈높이가 계속 높아가고 있다. 또 정보통신과 과학기술의 발달은 소비자들이 기업의 경영이나 마케팅 활동에 직접 참여할 수 있도록 지원해주는 역할을 하고 있다.

따라서 많은 기업들은 소비자와 직접 접촉할 수 있는 채널을 다각화 시키고 서비스의 양질을 향상시키기 위해서 끊임없이 노력하고 있다. 민간기업뿐만 아니라 공기업에서도 현대인들의 눈높이를 맞추기 위해 다양한 시도를 꾀하고 있다. 무엇보다 큰 변화는 소비자를 가장 먼저 만나는 부서와 업무에 대한 교육 · 훈련이 많아지고 전문화되었다는 점이다. 즉 많은 기업들이 고객과 직접 대면하는 부서나 텔레서비스 업무에 대한 교육 · 훈련을 강화하여 소비자들의 욕구와 기대에 부응하기 위해 노력하고 있다.

이러한 이유로 기업들은 인재를 찾는 데 가치관이나 마인드에 대해 중요성을 두고 있다. 즉 기업에 채용된 이후 훈련되어지는 것도 중요하지만 사전에 서비스마인드나 능력을 갖춘 사람을 더 선호하는 것이다. 본 교재에서 다루고 있는 텔레서비스 능력은 전화업무가 주요업무인 콜센터뿐만 아니라 원활한 사회활동 참여를 위해서도 필요한 능력에 해당된다. 그래서 많은 기업들이 텔레서비스 교육을 의무화 시키고 대학교에서도 수업으로 이루어지고 있다.

본 텔레마케팅 교재의 구성은 기본적인 서비스정신과 마인드를 심어줄 수 있고, 서비스산업 혹은 제조업체 등 어떤 산업현장에서라도 적용될 수 있는 텔레서비스 실무 중심으로 구성되어 있다. 제1장과 제2장에서는 텔레마케팅과 텔레마케터의 이해를 돕는데 역점을 두었으며, 제3장과 제4장에서는 전화에 대한 기본예절과 텔레커뮤니케이션 스킬에 대하여 기술하였다. 제5장과 제6장에서는 텔레마케팅 실무능력과 콜센터 운영관리에 대하여 설명하고, 제7장에서는 최근 기업에서 관심을 기울이고 있는 고객관계관리(CRM)의 필요성과 구축에 대하여 쉽게 설명하였다. 그리고 제8장에서는 사회생활에서 현대인으로서 갖추어야 할 이미지메이킹과 스트레스관리에 대하여 설명하였다.

2012년 1월 10일

저 자 일동

차 례

제1장 텔레마케팅의 이해

제1절 텔레마케팅의 정의와 특성

1. 텔레마케팅의 정의

전문지식을 갖춘 상담요원(텔레마케터)이 컴퓨터를 결합한 정보통신기술을 활용해 고객에게 필요한 정보를 즉시 제공하고 신상품소개, 고객의 고충사항 처리. 시장조사 등 다양한 기능을 수행하는 첨단 마케팅 기법이다.

Telemarketing은 기업이나 그 밖의 이용주체의 마케팅 활동(판매 전, 판매, 판매 후 활동)시 컴퓨터를 이용하여 Database를 구축하고, 전화와 인터넷을 중심으로 하여 그 외의 정보통신 시스템을 효과적으로 활용함으로써 비용을 절약하면서 매출액을 증가시키고 기업의 이미지를 제고시키는 총체적인 활동이다. 그러므로 이는 전화를 판매활동에 단순히 이용하는 일반적인 전화판매(Telephone Sales)와는 다르며 훨씬 광의적, 조직적 활동이라고 할 수 있다. 전화판매와 텔레마케팅의 차이 전화판매는 전화를 매체로 하여 고객에게 판매를 한다는 점에서 텔레마케팅과 유사하나 커뮤니케이션의 방법에 있어서 고객에게 일방적으로 구매의사를 묻고 판매를 강요하는 수준이다.

반면, 텔레마케팅은 상품 서비스를 이용할 만한 집단을 대상으로 고객과의 원활한 커뮤니케이션을 통하여 고객의 Needs & Wants를 파악한 후 정보를 제공하여 고객의 구매의사를 끌어냄으로써 판매가 이루어진다.

- 텔레커뮤니케이션과 마케팅의 합성어
- 다이렉트(Direct Marketing)
- 전화판매와는 시스템 구축 및 데이터베이스 기반 마케팅이란 관점에서 다름

- 전화를 중심으로 FAX, 화상, 이메일, 웹 등의 정보통신기기를 체계적, 계획적으로 활용함으로써 비용을 절감하고 매출을 증가시키며 기업 이미지를 제고시키면서 고객에 필요한 정보를 실시간 제공하고 신상품소개, 고객의 고충사항 처리, 시장조사 등 다양한 기능을 수행하는 첨단 마케팅 기법이다.

<표 1-1> 텔레마케팅과 전화판매의 비교

구 분	Telemarketing	Telesales
전화이용	마케팅 도구	판매도구
지향목표	고객지향, 서비스지향	판매자지향, 판매지향
실시형태	체계적, 장기적, 반복적	단기적, 불연속적
Script	조직적이고 체계적인 Script	개별적이고 개인적은 Script
매체 믹스	다른 매체와 통합	전화단독 H는 DM과 병행
고객관리	Database 구축, 활용	List 활용
실시형태	인바운드/아웃바운드의 조화	아웃바운드 중심
List	내부 List 위주	편집 List 위주
고객반응	우호적	냉담

2. 텔레마케팅의 특성

1) 텔레마케팅은 시간- 공간 -거리의 장벽을 극복

① 전화는 리얼 타임(real time)의 개념으로 당사자와 직접 대화를 할 수 있는 쌍방향 미디어로 시간, 공간, 거리의 장벽을 일시에 해소할 수 있다.

② 텔레마케팅은 시간의 확장을 가능 : 전화와 자동응답장치, 팩시밀리, PC통신, 인터넷 등의 다른 미디어와 결합하여 24시간, 365일의 연중무휴로 영업시간을 확장할 수 있다.

③ 텔레마케팅은 시간을 단축시킨다.

- 고객은 전화를 사용하여 상품을 주문, 구매시간을 절약 : 여가시간의 연장을 가져온다.
- 기업은 판매를 위해 방문하는 시간을 줄여 그만큼 신규고객의 개발에 활용하고 서비스에 필요한 시간을 확대 할 수 있다.
- 텔레마케팅은 스피드마케팅 내지 타임마케팅이라고 할 수 있으며, 스피드화에 의한 타임 베이스 경쟁이 치열하다.
- 급박해지고 있는 현실에서 매우 효과적인 경쟁 수단을 제공한다.
- 즉각적인 고객반응 파악 -> 판매과정 소요시간 단축을 가져온다.
- 즉각적인 고객의 불평불만 처리 -> AFTER SERVICE 단축을 가져온다.

④ 공간과 거리의 장벽을 극복하는 경우

- 점포판매의 경우는 점포의 규모, 매장의 면적, 상권의 규모 등에 의하여 매출액이 일정 수준에서 결정된다.
- 텔레마케팅의 방법을 채택하면 카탈로그 등에 의해 무점포방식으로 주문이 가능하다.
- 텔레커뮤니케이터의 재택근무로 사무공간마저도 확장, 축소할 수 있다.
- 해외 전 세계 대상으로 사업을 확장(전자상거래)할 수 있다.

2) 텔레마케팅은 기업을 정보 창조 조직으로 변모

- 정보의 가치를 증대할 수 있다.
- 기업경영의 기본으로 자리 잡을 수 있다.
- 집단으로 존속하는 고객을 개인 또는 개인정보에 의해 차별화 시켜야 한다.
- 개별고객과의 퍼스널 커뮤니케이션을 통해 부가가치 정보를 수집하고 이를 해석하여 고객에게 만족을 주는 경영조직의 구축이 기업의 시급한 과제로 등장했다.
- 텔레마케팅은 고객과의 1대 1 대응을 통해 첨삭 되지 않은 살아있는 정보를 수집할 수도 있고, 반대로 고객에게 유용한 정보를 제공할 수 있다.

☞ 정보혁명은 유통혁명으로 이어진다.

3) 텔레마케팅은 데이터베이스 마케팅

- 체계적으로 정비된 데이터베이스가 없으면 텔레마케팅이 달성하고자 하는 목표의 성취는 기대할 수 없다.
- 텔레마케팅은 데이터베이스를 바탕으로 고객과의 원활한 개인적인 커뮤니케이션을 통해 신뢰를 쌓아가는 지속적인 마케팅 수단이다.

4) 텔레마케팅은 릴레이션쉽 마케팅

고객의 고민을 상담하고 욕구를 파악하며 그에 맞는 상품과 서비스를 제공함으로써 고객의 만족을 증대 : 고객과의 직접적인 1:1 커뮤니케이션 → 고객과의 관계 증진 → 고객의 평생 가치 증대를 가져온다.

5) 텔레마케팅은 고객의 삶의 가치를 존중

- 소득이 증대하고 가치관과 생활양식이 변화하는 성숙한 사회를 맞이하여 고객의 삶의 가치나 계속성을 강조하는 마케팅 프로그램의 개념이 더욱 더 중요시하게 된다.
- 체계적으로 구축되고 관리되는 데이터베이스를 활용하는 텔레마케팅은 강력한 무기로서 고객의 전 생애에 걸친 가치를 존중함으로써 고객과 함께 번영을 추구하는 공존공영의 정신을 구현하는 가장 훌륭한 마케팅 수단이다.

제2절 텔레마케팅의 등장 배경 및 위상 변화

1. 텔레마케팅의 등장 배경

1) 기업의 거시적 환경

① 인구 통계적 환경

- 소득의 증가로 인해 고객의 욕구가 점점 다양화되고 고급화 되었다.
- 맞벌이 부부 및 독신자, 딩크족, 노령인구의 증가 등으로 24시간 상품을 구매하거나 서비스를 받아야 할 필요성이 대두되었다.
- 획일적인 대규모시장으로부터 직업, 연령, 라이프스타일 등에 의해 차별화된 소규모시장으로 분리됨으로써 이러한 소규모 시장에 적합한 마케팅 방법이 필요하게 되었다.

② 경제적 환경

- 정보의 경제적 가치가 증가하였다.
- 금융, 보험, 여행, 레저 등 서비스 산업이 발달하였다.
- 소득 증가에 의한 지출내용의 다양화가 이루어졌다.
- 신용카드의 사용이 확대되었다.
- 국가 간의 무역 마찰에 따른 규제완화로 기업의 국제적인 경쟁 환경이 달라졌다.

③ 기술적 환경

- 컴퓨터 및 통신기술의 급속한 변화와 혁신이 이루어졌다.
- 전화의 보급이 확대되었다.
- 정보통신기술의 발달이 이루어졌다.
- 착신자 요금부담 전화의 개발이 이루어졌다.
- 데이터베이스가 발달되었다.
- 통신기술의 발달(ISDN, ACD, CTI)이 이루어졌다.

④ 사회문화적 환경

- 소비자 욕구의 변화 : 산업사회의 대량마케팅으로부터 소외감을 느꼈던 소비자들이 자신의 존재를 인정받기 원하게 되었다.
- 개성화 : 소비자는 획일적인 상품기능 추구로부터 자신의 개성을 추구하게 되었다.
- 수동적이며 소극적인 것으로부터 능동적이고 적극적 참여를 원하는 고객의 태도변화가 이루어졌다.
- 편리성 및 시간가치의 증대 : 편하고 신속하게 이루어지는 것을 추구하게 되었다.

2) 기업의 미시적 환경

① 기업 내적 환경

- 광고비, 인건비, 일반 판매비 등 영업비용이 증가하였다.
- 교통 혼잡으로 인한 이동시간의 증가와 물류비용이 증가하였다.
- 제품, 기술력에만 의존하는 경쟁우위 확보의 한계로 인해 고객에게 보다 밀착된 서비스 제공을 통한 경쟁력 향상의 필요성이 대두되었다.
- 효과적인 고객관리 방법 필요하다.
- 수준 높은 서비스 제공으로 기업이미지를 제공하여야 한다.

② 기업 외적 환경

- 유통구조의 복잡화와 관리의 어려움 : 유통비용 및 시간 단축의 필요성이 증대되었다.
- 국제적인 경쟁의 확대로 인해 경쟁우위의 확보를 위한 차별적인 마케팅 방법의 필요성이 생겼다.
- 고객의 욕구증가 및 다양화로 인해 고객을 체계적으로 관리할 수 있는 방법이 요구된다.

2. 텔레마케팅의 위상 변화

1) 대외적 위상

① 고객접촉채널의 다양성

- 콜센터는 텔레마케팅이나 웹콜의 기능 외에 고객접촉 채널이 다양해짐에 따라 커스터머(customer) 컨택센터라고 부르기도 한다.

② 고객과의 쌍방향 커뮤니케이션 활성화

- 콜센터는 고객과 상담원간에 일과시간 또는 그 이후에도 1대1, 즉 쌍방향 커뮤니케이션이 활성화되는 장이다.

③ 마케팅 목표 및 서비스 개선의 핵심 조직화

- 인바운드 콜처리를 통해 고객의 문의사항이나 불만사항을 처리하고, 아웃바운드 콜처리를 통해 마케팅의 목표나 서비스의 질을 개선하는 전문 조직체이다.

④ 고객 소리 경청의 장

- 콜센터는 고객의 진실한 소리를 여과 없이 경청하고 기업의 경영활동이나 마케팅 활동에 반영하는 고객행동센터이다.

⑤ 고객관계 개선 센터

- 콜센터는 고객이 있기 때문에 존재하는 것이며, 고객과 기업간의 관계를 통해 고정고객화를 유도하고 고객이 반복적 또는 수시로 콜센터를 활용할 수 있는 관계개선 차원에서 운영하는 경우가 많다.

⑥ 전문서비스 수행자로서의 위상

- 콜센터와 관련된 업무를 비즈니스로 하는 기업, 즉 콜센터업무대행업, 콜센터 시스템 구축 기업, 텔레마케팅 전문인력 중심의 인력파견업, 텔레마케팅 교육 및 운영 컨설팅업, 콜센터 소호사업자 등 전문서비스업 수행자로서 자신의 위상이나 비즈니스 장점을 알려야 하는 경우가 있다.

⑦ 이미지 개선

- 콜센터에 관련된 업무를 대행하는 기업은 물론 콜센터를 보유하고 운영하는 기업들 역시 콜센터 시스템 구축, 업무혁신, 변화되고 향상된 뉴스, 간접 광고 등 자사나 비즈니스 행위에 유리하고 도움이 되는 정보, 커뮤니케이션 활성화 등의 비공식 정보교류 등을 대외에 알려 기업 및 콜센터의 이미지 개선을 꾀할 수 있다.

2) 대내적 위상

① 고객접촉 방법의 개선 및 다양화

- 오늘날의 경영환경은 수요자 중심에서 고객이 직접 경영이나 마케팅 활동에 참여하여 정보나 지식, 혜택을 공유하는 경우가 많아졌다. 또한 고객은 더욱 편리하고 다양한 접촉채널을 요구하며, 그들 대부분은 이 같은 고객 접촉 채널에 익숙해져 있다.

② 마케팅 효율성 제고

- 여러 가지 판매촉진 활동 중에서 텔레마케팅 기법을 활용하여 마케팅 효율성을 제고하고자 하는 경우가 많다. 특히 기존 유통채널이나 고객접촉 채널의 변화를 기도할 때는 더욱 장단기 마케팅 효율성 제고에 만전을 기해야 한다.

③ 고객서비스 평가 지표

- 고객접촉 방법의 개선 및 다양화, 마케팅 효율성의 제고, 기타 비즈니스 행위와 고객만족경영을 수행하면서 정기적 또는 수시로 자신들의 고객서비스 행위에 대해 직접 평가하고 사후 관리를 하는 수단으로 활용하는 경우도 있다.

④ 경영전략의 수단

- 무점포 중심의 마케팅 채널을 특화하고 전략화하는 기업이나 조직의 콜센터의 경우는 그에 알맞은 전용 제품이나 서비스의 발굴과 특화를 통해 전략적으로 판매할 수 있어야 한다.

⑤ 콜센터 매니지먼트

- 아무리 훌륭한 콜센터 근무환경과 시스템 구축, 전문인력이 확보되어 있더라도 콜센터 업무를 종합적으로 관리할 수 있는 콜센터 매니지먼트가 이루어지지 않으면 결코 콜센터 경영에 성공할 수가 없다.

제3절 텔레마케팅의 종류와 기대효과

1. 텔레마케팅의 종류

1) 전화를 거는 주도자에 따라

① 인바운드 TM (In-bound)

- 타 매체(DM or 광고)로 인한 '반응'으로 전화가 걸려오게 된다.
- 기본적으로 고객 서비스 채널로 활용된다.
- 통신판매의 전화접수, 광고의 반응, 각종 문의, 불만사항 대응 등이 주된 업무이다.

② 아웃바운드 TM (Out-bound)

- 세일즈나 세일즈 리드(Sales Leads)를 '창출'하게 된다.
- 독립적으로 운영될 수 있으나 DM 등이 지원되면 반응율이 향상된다.
- 잔재고객 찾기와 판매, 면담, 예약, DM수신확인, 점포방문권유, 각종 판매촉진활동, 신제품안내, A/S, 시장조사, 의식조사 등 광범위하게 활용된다.

2) TM을 어디서 전개하느냐에 따라

① 인하우스 TM (IN-HOUSE TM) … 기업에서 자체적으로 TM센터를 설치하여 실시하는 경우

② 아웃사이드 에이전시TM (OUTSIDE AGENCY TM) … TM 전문 대행사에 위탁하여 실시하는 경우

3) TM의 대상이 누구냐에 따라

① 비즈니스 (B TO B) TM (BUSINESS TO BUSINESS) … 기업을 대상으로 하는 경우
② 컨슈머 (B TO C) TM (BUSINESS TO CONSUMER) … 일반 소비자를 대상으로 하는 경우

2. 텔레마케팅의 기대효과

1) 경비절감

유통의 여러 문제, 다시 말하면 불필요한 물류이동이나 기후, 기다리는 시간 등은 텔레마케팅으로 거의 해결 할 수 있다. 또한 세일즈맨이 방문할 때의 사교적 대화는 전화를 사용할 경우에는 대단히 단축할 수 있으며, 텔레마케팅에서는 비용이 낮기 때문에 세일즈맨이 통상 지나쳐 버릴 규모가 작은 고객에 대해서도 효과적으로 대응할 수 있다. 작은 기업에 있어서의 텔레마케팅은 이익을 가져올 가능성이 매우 높다. 새로운 시장에의 진출이나 지역적인 변경에는 신속히 대응할 수 있고 세일즈맨보다도 유연성이 뛰어나다고 할 수 있다.

2) 통제(Control)가 쉬워진다.

경영자나 감독자는 텔레마케터의 책임자로써 항상 소재가 확실하기 때문에 세일즈맨의 통제, 훈련, 행동관리 등을 보다 면밀하게 할 수 있다. 시장 정보의 수집도 텔레마케팅 활동의 구체적인 이점인데 마케팅 담당자는 단기간에 다수의 고객과 접촉할 수 있기 때문에 일선의 세일즈맨보다도 한발 앞서 시장의 변화를 감지할 수 있다.

3) 수익을 개선시켜준다.

세일즈맨 활동에 비해 즉효성이 있다. 즉효성이 높다고 하는 것은 수익을 바

로 마케팅 경비로 이용함과 동시에 재고관리를 엄밀하게 한다는 것을 가능하게 해준다.

4) 시장의 확대를 실현할 수 있다.

텔레마케팅에서는 지리적인 문제를 고려하지 않아도 되고 새로운 고객을 찾아내어 효율적으로 최초의 접촉과 평가를 실시, 계약까지 연결해 갈 수 있기 때문에 여러 문제를 상당 부분 없앨 수 있다. 방문세일즈가 필요한 경우에는 사전에 평가를 하고 나서 현재의 판매 인원으로 시장의 확대를 실현할 수 있다.

5) 장기적인 판매예측이 가능하다.

핵심적인 단골고객을 데이터베이스화함으로써 계획적인 텔레마케팅 수법으로 Follow-up하는 것에 의해 예상고객과의 장기적인 관계를 유지, 강화할 수 있다. 텔레마케팅은 판매하는 쪽에서 적절한 장소와 시기를 선택할 수 있다.

6) 고객관리를 하는 데 효과적이다.

텔레마케팅의 최대의 이점은 고객의 반응 강도에 있다. 먼저 직접방문보다 시간이 걸리지 않는다는 점, 둘째는 세일즈맨보다도 정기적이고 잦은 접촉이 가능하며 셋째는 인바운드, 아웃바운드 양방의 기능을 사용하기 때문에 텔레마케팅에 대해 이미 숙지하고 있는 고객에 대해서 당면의 문제나 의문에 보다 신속히 대처할 수 있게 한다.

7) 판매기회가 많다(수주의 확대).

훈련된 텔레마케터는 세일즈 콜 사이에 신제품의 소개라든지 관련상품의 판매, 고액상품으로의 교환, 구입유도, Follow-up 판매 등의 여러 활동을 한다. 그 결과 재고의 감소, 거래의 증대, 판매량의 확대, 이익의 향상을 가져온다. 판매액은 Up-grade, Cross-selling, 서비스콜 때에 판매를 행하는 등의 숙련된 기술에 의해 증대가 가능하게 된다.

8) 낮은 인건비로 인건비 절약이 된다.

텔레마케팅 스태프는 훈련이나 경험이 필요하지만 고급 세일즈맨보다도 경비가 훨씬 적게 든다.

9) 고객과의 접촉빈도가 많아 판매횟수를 증가시켜준다.

훈련과 경험을 쌓은 텔레마케터는 1시간당 20회 이상의 전화를 걸기 때문에 방문 세일즈에 대한 텔레마케팅의 양적인 우수성은 확실하다. 보다 고도한 기술을 필요로 한다. 비즈니스용 텔레마케팅의 경우에도 판매횟수는 방문 세일 즈맨의 8배에 달한다.

10) 광범위하게 이용될 수 있다.

고성능의 텔레마케팅이 실시된 경우에는 응용이 가능하다. 동일한 인간이 같은 설비를 사용해 판매, 조사, 특별제공의 고지, Appoint 설정, 예상고객의 평가, Cross-selling, Up-selling, 신용체크 등을 할 수 있다.

제4절 텔레마케팅의 활용범위

1. 텔레마케팅 활용분야

1) 고객서비스 / 고객관리

- 고객문의 / 컴플레인의 처리 : 고객 서비스 센터, 고객상담실 등에서 활용 가능하다.
- 해피콜, 감사전화 : 자동차, 전화, 패션업계 카드 등에서 활용가능하다.

2) 휴면고객 활성화

- 은행, 카드사, 보험사 등에서 활용가능하다.

3) 판매 / 주문 접수

- 제품, 서비스 상담 판매 : 회원모집, 각종 소비재 판매, 보험 가입 등 활용가능하다.
- 계약 갱신 : 카드갱신, 잡지 재구독, 보험계약 갱신 등 활용가능하다.
- 교체 구입 및 Upgrade 구입 : 컴퓨터, 소프트웨어, 카드회원 등 활용가능하다.
- 통신판매 주문 접수 : 카드사, 백화점, TV 홈쇼핑 등 활용가능하다.

4) 예약

- 호텔, 항공사, 여행사, 연극, 콘서트 등 활용가능하다.

5) 정보 서비스

- 금융, 부동산, 세무, 법률, 레저정보, 예약상담, 바겐세일 등 활용가능하다.

6) 판매 지원

- 가망고객 확보 : 골프, 콘도, 고가금융상품 등 활용가능하다.
- 영업사원 방문 약속 : 부엌가구, 컴퓨터, 사무기기 등 활용가능하다.
- 상품홍보와 내장, 내점 권유 : 건설회사, 증권, 투자금융, 전시회 초청 등 활용가능하다.

7) 고객정보 수집

- 리스트 정비 : 통신판매, 각종 회원관리 등 활용가능하다.
- 가망고객명단 취득 : 컴퓨터, 통신사 등 활용가능하다.

8) 연체, 채권 회수

- 사용대금 회수 : 카드사, 통신회사, 유통회사 등 활용가능하다.
- 대출금 회수 : 금융업에서 활용가능하다.

9) 상담 (카운슬링)

- 학원의 진학 상담시 활용가능하다.
- 퇴직금 운영 컨설턴트에서 활용가능하다.
- 명절 축하선물 컨설팅에서 활용가능하다.
- 병원에서 퇴원 후 병상 지도 시 활용가능하다.

10) 마케팅 리서치 / 만족도 조사

- 이용실태 조사, 이용의향 조사, 광고효과 측정조사, 만족도 조사에서 활용가능하다.

11) 기금모집 / 선거홍보

- 정당, 사회단체 후원회 조직 및 기금 모집 시 활용가능하다.
- 후보자 지원 전화 캠페인 시 활용가능하다.

제5절 텔레마케팅의 구성 및 성공 요건

1. 텔레마케팅의 구성 요건

1) 텔레마케터

텔레마케터는 전화를 통해 고객에 접근하여 대화를 이끌어 가면서 고객의 구매의욕 고취와 기업이미지 또는 브랜드이미지 향상, 고충사항 등을 해결해주는 임무를 띠고 있기 때문에 미려한 음성과 정확한 발음으로 표준어를 사용함은 물론, 고객의 말투나 억양 등을 통해 의향을 정확히 파악하는 능력과 신속한 판단력, 유연한 응대능력, 적극성을 두루 갖추어야 한다. 따라서 전문적인 교육이 필요하다.

2) 지원시스템

지원시스템은 기본적으로 전화를 비롯해 자동호출 분배장치(ACD : Automatic Call Distributor), 헤드셋, 팩시밀리, 자동응답 안내장치(ARS) 등의 통신 처리장치들이 필요하다. 자동호출 분배장치는 Call 수를 기록, 상담과 통계업무의 기능을 수반한다. 또한 전화를 받을 수 없는 야간이나 공휴일 등에 자동으로 상품안내 및 호출예약을 접수받아 처리해주는 자동응답장치(ARS)가 자동 호출 분배장치(ACD)와 연동되어 상담원 대신 간단한 상품안내를 맞게 되며, 예약하는 다음날에 재발신하여 마케터와 연결이 가능하도록 구성된다.

3) 데이터베이스

텔레마케팅 시스템 중에서 가장 중요한 것이 데이터베이스 시스템이다. 여기에는 고객의 속성에 관한 다양한 데이터가 구축되어 있고 동시에 자사 상품에 관한 데이터도 들어 있는 것이 일반적이다.

2. 텔레마케팅의 성공을 위한 요건

1) 텔레마케팅의 전문인력

- 직무·업무 특성에 적합한 인력의 선발이 필요하다.
- 체계적이고 전문화된 교육과 훈련이 필요하다.
- 엄격한 성과관리가 요구된다.
- 다양한 형태의 동기부여를 실시해야 한다.

2) 텔레마케팅 프로그램

- 차별화된 텔레마케팅 프로그램이 필요하다.
- 시장상황에 적합하게 개발된 스크립트를 작성해야 한다.
- 텔레마케팅 프로젝트 운영 노하우를 가져야 한다.

3) 기업 · 브랜드 이미지

- 기업의 인지도
- 상품·서비스의 대외 이미지
- 미디어 믹스

4) 지원 시스템

- 통신 하드웨어 및 소프트웨어
- 컴퓨터 하드웨어 및 소프트웨어
- 콜센터의 환경

제6절 국내 텔레마케팅시장의 현황 및 미래

1. 국내 텔레마케팅시장의 현황

한국콜센터산업정보연구소의 조사 결과에 따르면, 2006년 국내에는 약 3천개가 넘는 콜센터에서 35만명 이상이 종사하고 있는 것으로 추산하고 있다. 이것은 2003년에 2,500개 기업에서 30만명의 상담원이 종사하고 있던 것에서 크게 발전한 것이다. 콜센터를 어떻게 정의하고 그 범위를 어디까지로 설정하느냐에 따라서 콜센터 수와 상담좌석의 수의 차이는 약간씩 보일 것이다. 2009년에는 14조원 규모로 성장할 것으로 추정하고 있는데 이는 연평균 약 8%라고 하는 높은 성장률이 뒷받침하고 있는 것이다(<그림 1-1>과 <그림 1-2> 참조).

그런데 국내 콜센터 산업이 풀어나가야 할 과제도 적지 않다. 콜센터 운영기업의 경우는 무엇보다도 산업 전반에 관한 실태조사가 필요하다. 그리고 이직률 감소를 위해서 상담원들에 대한 교육과 함께 복지후생 같은 인센티브 제도를 한 단계 높은 차원으로 끌어올리는 것도 중요하다. 그리고 기술기업은 콜센터 기술제품과 서비스의 해외수출확대 방안을 찾아야 한다. 이를 위해서는 해외 공동마케팅에 관한 연구가 이루어져야 한다. 또한 아웃소싱기업은 고객정보 보안 대책 마련이 시급하며 중국이나 동남아시아와 같은 해외 지역 진출도 적극 시도해야 한다. 마지막으로 서비스기업은 체계를 갖춘 교육서비스 제공을 위하여 치밀한 전략을 수립하지 않으면 안 된다(정기주, 2007).

<그림 1-1> 콜센터 시장규모(종사자, 콜센터 수)

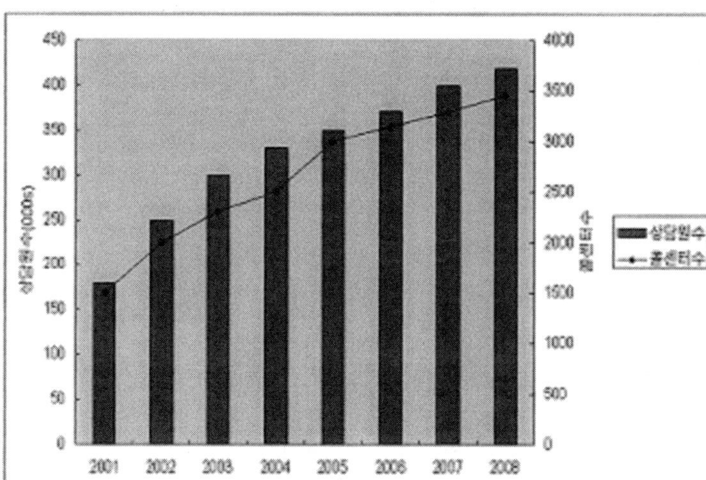

자료: 한국콜센터산업정보연구소, 2006.3.

<그림 1-2> 콜센터 시장규모(종사자, 콜센터 수)

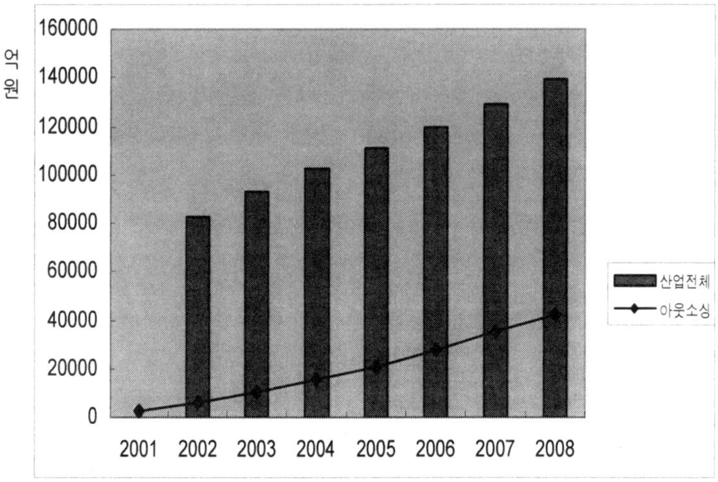

자료 : 한국콜센터산업정보연구소, 2006.

2. 콜센터시스템의 발전 및 현황

초기의 전화기에 팩스를 이용하며 수행되면 텔레마케팅은 1990년대 말의 CTI[1]도입 열풍 및 CRM[2]관련 응용프로그램의 개발로 이어졌다.

이 시기는 국내의 텔레마케팅이 시스템적 기초를 다진 시기라고 볼 수 있을 것이다.

2001~2002년까지의 기간에는 IVR[3]의 도입에 대한 관심과 효과에 대한 논쟁이 콜센터 관련 시스템 시장의 주요주제가 되었다.

---

1) CTI(Computer Telephony Integration) : '컴퓨터 전화 통합'이며, 컴퓨터를 사용해 전화 통화를 관리하는 것이다

2) CRM(Customer Relationship Management) : '고객관계관리'이며, 기업이 고객과의 관계를 관리해 나가기 위해 필요한 방법론이나 소프트웨어 등을 가리킨다.

3) IVR(Interactive Voice Response) : '음성자동응답'이며 음성전화입력과 터치톤 전화기의 단추를 선택적으로 누르는 것들의 조합을 받아들여서 음성, 팩스, 콜백, 전자 우편, 기타 매체의 형태로 적절한 응답을 제공하는 애플리케이션이다.

그리고 인터넷의 발전과 이메일의 확산에 기인하여 EMS/ERMS[4]에 대한 관심이 고조되었고 각 기업의 콜센터에서는 사이버 고객에 대한 서비스 제공으로 고객 관계 관리의 영역을 확장하였다. 인터넷기반 콜센터의 도입에 대한 효과와 장단점에 대한 논쟁이 2003년과 2004년의 콜센터의 콜센터 시스템 시장의 핫이슈가 된 바 있다. 현재시장의 상황은 콜센터 시스템의 도입시기, 기업의 예산편성시기 및 투자계기반콜센터로 양분되어 있는 것으로 보인다.

2004년에 들어서면서 이슈가 되기 시작한 것이 WFM[5]이다. 콜센터상담인력을 효율적으로 관리하고, 콜센터의 주요성과 지표(KPI ; Key Performance Indicator)를 보다 체계적으로 관리하도록 도와주는 시스템이다. 또한 이 시스템의 주요기능 중 하나는 콜센터의 통화량예측에 있다. 그동안 콜센터의 인력관리는 주로 담당자의 경험과 지식에 의해 이루어졌다. 통화량의 예측 또한 관리자의 개인적인 경험과 감에 의존하는 장인적인 방식에 의해 이루어져 온 것이 사실이다.

이렇게 개인적인 경험과 지식, 그리고 감에 의존해 이루어진 콜센터의 관리를 시스템을 이용하여 보다 체계적으로 수행하도록 도와주는 프로그램이 바로 WFM이다.

경영환경의 변화에 기인하여 관심을 끌게 된 것이 콜센터에서의 지식관리시스템[6]과 사이버공간에서의 학습인 이 러닝(e-learning)이다. 지식관리는 지식경영조류에 영향을 받아 콜센터에서 고객서비스에 관련한 지식과 경험을 어떻게 체계적으로 축적하고 관리하여 실무에 활용할 것인가 하는 문제의식에서 시작되었다. 디지털기술의 발전으로 시간과 비용을 절감하면서, 학습적 성취도를 높이기 위해 도입된 것이다.

---

4) ERMS(Email Response Management System) : '이메일 상담 관리서비스'를 말하며 이메일마케팅을 위한 단순 대용량 메일발송에서 벗어나 고객의 질의응답과정을 자동화하고 고객질의의 방대한 지식기반을 구축함으로써 대고객 서비스의 기본이 되는 시스템이다.

5) WFM(Work Force Management) : '작업그룹관리'이며, 고객센터 시스템의 각종 서비스 상태를 실시간으로 모니터링하며, 서비스 실적에 대한 다양한 통계 분석 자료를 제공하는 고객센터관리시스템이다.

6) 지식관리시스템(Knowledge Management System) : 조직내의 지식을 관리하기 위한 분산 하이퍼미디어 시스템이다.

특히 콜센터의 경우 업무량이 폭주하는 시기와 그렇지 않은 시기가 있으며, 모든 상담원의 좌석에는 PC와 인터넷전용선등 이 러닝(e-learning)에 필요한 요소가 구비되어 있으므로 다른 부문에 비해 더 큰 효과를 발휘할 수 있다. 현재 한국의 콜센터에서 활용하고 있는 시스템의 수준은 세계적인 수준에 이르고 있다. 콜센터의 관리자 및 관련임원들이 미국 등 CRM 비즈니스 선진국의 대형콜센터시스템 관련전시회에 참가하고, 또 대표적인 콜센터를 벤치마킹하는 경우가 있다. 과거에는 이런 전시회 참가 및 벤치마킹을 통하여 좋은 정보도 구하고, 많은 시사점을 얻은 것이 사실이다.

그러나 최근에 참가한 콜센터의 관리자 및 임원들 중 상당수는 "별로 배울 것이 없었다." 혹은 "우리가 운영하고 있는 콜센터의 시스템이 더 낫더라."하는 식의 반응을 보이는 경우도 있다.

제7절 텔레마케팅관리사 제도와 전망

1. 텔레마케팅관리사란?

텔레마케팅관리사는 현재 텔레마케팅 업무를 수행하고 있는 종사자들에게는 기존지식을 재정립하게 하고, 앞으로 하고자 하는 사람들에게는 미래지향적인 새로운 지식의 정립을 유도하기 위한 자격증이다. 텔레마케팅관리사의 주요 업무내용은 원거리통신을 통해 고객의 욕구를 파악하고 불만을 해소하며, 주문을 받는 등의 일이다. 또한 단순한 전화 응대에서부터 컴퓨터를 이용한 최신식 기술까지 동원하여 인바운더와 아웃바운더의 직무수행을 하며, 텔레마케팅에 관한 기초지식을 가지고 판매관리와 시장조사, 고객응대 등의 관련업무를 수행한다.

2. 텔레마케팅관리사 제도의 도입배경

1990년 이후 급속히 확산되고 있는 텔레마케팅은 21세기 유행의 첨단이 될 것으로 판단되고 있으며, 현재 약 15만 명에 달하는 것으로 추산되는 텔레마케터의 숫자는 매년 급속도로 성장하고 있다.

따라서 보다 바람직한 텔레마케터들을 양성하고, 산업현장에서 보다 효율적이고 바람직한 방향으로 나아갈 수 있도록 하기 위하여 정부는 국가자격시험제도를 신설하였다.

한평생 회사가 보살펴 준다는 시대는 지나고 자기책임의 시대이다.

IMF 이후 구조조정으로 엄청난 실업자가 양산되었고, 현재도 실업자는 계속 증가하는 추세이다. 경제난은 우리만의 것이 아니고 세계적인 추세이다.

대기업이든 공기업이든 모두 기업에 이윤을 가져다주는 부서나 인력은 구조조정에서 제외시켰다. 기업에서 선호하는 인력은 충성도가 아니라 비용을 절감하고 이윤을 주는 사람이다. 회사는 영업이 안 되면 아무리 큰 기업이라도 하루아침에 회사간판을 내려야 한다.

텔레마케팅관리사 자격증은 자격증 그 자체를 떠나 공무원, 회사원, 자영업자 등 전 국민이 모두 마스터해야 할 내용이며 알고 나면 구조조정이 겁이 나지 않는다.

특히 회사원과 자영업자들은 더 많은 고객을 확보할 수 있기 때문에 높은 수입이 보장되고 회사원은 진급 및 특별 수당이 많아지게 되며, 가정주부는 재택근무를 하면서 많은 소득을 올릴 수 있다.

IT(정보기술) 텔레마케팅관리사는 대우받는 자격증으로 꼭 갖추어야 할 자격증이다.

우리나라에서 시행하고 있는 텔레마케팅 관련 자격증에 대하여 정리하면 <표 1-2>와 같다.

<표 1-2>

구분	자격검정제도 종류	시행처	비고(신설/등록)
국가 자격	텔레마케팅관리사	한국산업인력공단	2002년
민간 자격	웹콜마케터	한국정보통신인력개발센터	2008년
	컨택센터컨설턴트	한국생산성본부	2008년
	콜센터관리사 (CCMA)	포시엠	2003년
	통화품질관리사 (CQAA)	포시엠	2003년
	콜센터사내강사	포시엠	2003년
	콜센터매니저 (CCCM)	한국콜센터산업정보연구소	2007년
	콜센터예비매니저 (PCCM)	한국콜센터산업정보연구소	2007년

3. 진출분야

텔레마케팅은 기업, 관공서, 개인사업자, 서비스업종 등 열거하기 힘들 정도로 업무영역이나 업종, 조직 규모에 큰 관계없이 진출분야가 광범위하다.

그만큼 텔레마케팅관리사로서 일할 수 있는 기회가 많아지는 것이다.

4. 취업(진출) 세부업종

신용카드사, 백화점, 은행, 증권회사, 통신판매회사, TV 홈쇼핑 회사, 방문판매 전문회사, 할부금융회사, 보험회사, 리스회사, 주택할부금융회사, 부동산 분양업체, 호텔 콘도, 자동차 딜러, OA 및 통신기기 판매업체, 결혼정보서비스, 관혼상제 서비스, 회원제 클럽, 전문가 클럽, 정기구독(정기구매) 업체, 꽃배달 서비스, 각종 외식서비스(피자, 햄버거 등), 학습지 출판사, 가전메이커, 가구 침구메이커, 택배회사, 기프트 관련회사, 가정판매(대리점), 출판 잡지사, 미용실, 피부미용실, 렌탈서비스, 광고대행사, 리서치 시장조사 시장확인, 신문사, 방송국, 각종 연구소, 모피판매점, 양복점, 모닝콜 및 해피콜, 미곡점, 주류판매점, 각종 전문점, 판매 전 Call, 판매 후 Call, 영업지원, 가망고객 접촉, 일반소매 식품 판매점, 구매고객 감사의 전화, 자료 견본 청구, 내점 고객, 사후 서비스, 유지 보수, 리스트 크리닝, 신상품 안내 행사 이벤트안내, 각종 전화 서비스, 정기적 갱신 기간연장, 배달일 안내, 선거홍보, 고충 상담안내, 항공예약, 대학교 신입생 유치 등.

5. 텔레마케팅관리사의 자영업

텔레마케팅관리사의 자영업으로는 IT기술 등을 교육시킨 후 대기업체에 고급인력을 아웃소싱하는 것이다. 아웃소싱할 인력들이 갖추어야 할 역량으로는 다음과 같다.

① 마케팅력

소비자의 욕구가 점점 다양화되고 있는 인터넷 시대에는 트렌드를 정확하게 감지해 매출과 연결시킬 수 있어야 한다.

② 컨설팅 영업력

기술의 평준화로 기업 간 상품력에는 그다지 큰 차이가 없어졌다. 고객을 확보하기 위해서는 상품 그 자체보다는 상품에 얼마나 부가가치를 부여하는가, 즉 컨설팅 영업력이 중요하다.

③ 정보기술(IT)력

인터넷 시대에는 IT기술자가 아니더라도 파워포인트나 엑셀 같은 기초적인 정보처리 능력은 갖추고 있어야 한다. IT기술직에 종사하는 사람은 변화하는 기술발전에 빨리 적응하는 순발력이 필요하다.

④ 교섭능력

21세기에는 기업 간 경쟁이 점점 심해지고 있다. 경쟁을 뚫고 계약을 성사시키기 위해서는 교섭능력이 중요하다.

⑤ 지도력

어느 시대든 기업에서는 리더십을 갖춘 인재를 필요로 한다. 특히 자유분방한 사고를 가진 신세대 사원들을 효율적으로 이끌고 가려면 리더십을 갖춘 사람이 필요하다.

⑥ 금융지식

경영효율화는 기업이 과당경쟁에서 생존할 수 있는 절대 조건이다. 소수 정예 인원이 움직이는 인터넷시대에는 경리 재무담당이 아니더라도 최소한의 금융지식을 갖추어야 한다.

⑦ 표현력

업무나 자신이 개발한 상품 등을 제대로 설명할 수 있는 능력을 갖추고 있지 못하면 아무리 우수한 기량을 갖추고 있더라도 정당한 평가를 받지 못한다.

⑧ 관리능력

인터넷 시대에는 어떤 프로젝트라도 이를 지휘하는 프로젝트 매니지먼트(PM)가 있게 마련이다. 매니지먼트 능력을 갖춘 사람은 간부로 발탁될 가능성이 크다.

제2장 텔레마케터의 이해

제1절 텔레마케터의 역할 및 자질

1. 텔레마케터의 역할과 전망

1) 텔레마케터의 역할

텔레마케터는 단순한 전달자(Translater)가 아니다. 따라서 텔레마케터의 역할에 대하여 바르게 이해할 필요가 있다.

① 고객상담자의 역할

고객의 각종 문의 및 요구사항을 접수하여 고객의 니즈에 맞추어 신속하고 정확하게 처리하는 고객상담자의 역할.

② 고객불만 처리자의 역할

고객의 불만 및 문제상황을 파악, 회사와 입장을 조율하여 고객의 문제를 해결하고 고객의 만족감을 증대시키는 불만처리자의 역할.

③ 판매촉진자의 역할

다양한 지식과 정보로 회사의 상품 및 서비스에 대해 관심을 유도하는 판매촉진자의 역할.

④ 고객관계 개선자의 역할

고객과 기업을 연결하는 최일선의 직원으로 기업의 이미지를 최상의 위치로 보여줄 수 있는 이미지메이커인 기업 홍보자의 역할.

2) 텔레마케터의 기본 생활 자세

- 항상 프로의식과 자기계발에 힘쓴다.
- 언제나 밝게 응대한다.
- 항상 호기심을 갖는다.
- 회사원으로서의 기본매너를 몸에 익힌다.
- 도달목표나 획득목표를 자기 자신이 확인한다.
- 회사의 업무내용이나 상품내용을 정확히 이해, 파악한다.
  (의문점을 남기지 않는다)
- 정확하고 효율적인 업무를 행하도록 힘쓴다.
- 가망고객의 선정이나 판매의 기술, 클로징 테크닉(Closing Technic)등을 습득하도록 힘쓴다.
- 전화응대의 내용은 상세하고 정확하게 기록을 남긴다.
- 업무보고를 게을리 하지 않는다.
- 사람과 사람과의 커뮤니케이션(Communication)을 중시한다.
- 기본적으로 대본을 숙지하고 임기응변능력을 배가시킨다.
- 고객의 의문이나 질문에는 정확히 답변한다.
  (애매한 대답이나 책임질 수 없는 말은 하지 않는다)
- 고객의 구매의욕을 적극적으로 고조시킨다.
- 회사의 이미지에 공헌한다.
- 모든 고객을 만족시키는데 힘쓴다.
- 고객의 특별한 주문이나 문제에 대해서는 관리자에게 보고한다.
- 고객의 불만을 슈퍼바이저에게 넘긴 후 처리과정을 주의 깊게 관찰한다.
- 고객의 불만사항을 남의 일처럼 생각하여 건성으로 처리하지 않아야 한다.
- 고객의 고충은 업무의 발전적 방향으로 유도한다.

3) 여성직업으로서의 텔레마케터 전망

텔레마케터 → 슈퍼바이저 → 매니저

♧ 텔레마케터 : 3년 전후

♧ 슈퍼바이저 : 5년 전후
♧ 매 니 저 : 계 속

완전한 하나의 프로젝트 수행을 위해서는 전체적인 업무지식과 경험된 Know-how가 축적됨으로써 업무수행이 가능해지며 최단 기간 내에 관리자가 되기 위해서는 개인의 개별적인 노력이 선행되어야만 가능하며, 업무에 대한 자신감이 배양되며, 수행능력이 가능해진다.

길게는 10년의 기간이 요망되어지나 실제적으로는 2~3년 사이의 실무 경력만으로도 많은 상담원들이 관리자가 되고 있다. 여기에서 한층 더 발전하기 위해서는 끊임없는 자기 노력이 선행되어야만 한다.

2. 텔레마케터 자질 필수 조건

텔레마케터는 오늘날 마케팅의 전령이자 행동요원이다. 전화를 통해 마치 대면하여 접촉하는 것처럼 특유의 부드럽고 고운 음색으로 마케팅 목적을 간단명확하게 전달하는 텔레마케팅 코디네이터(telemarketing coordinator)임과 동시에 휴면 테크널리지맨(human technology man)이다. 따라서 남성보다는 여성이 선호되고 소극적인 성격보다는 적극적인 사고방식을 가진 인간적인 사람이 더 좋은 텔레마케팅 능력을 발휘하는 것이 일반적이다. 최고의 텔레마케터의 조건이다. 크게 11가지 정도로 자질을 평가한다.

1) 정확한 발음과 음성적 자질

텔레마케팅은 철저하게 1:1(one-to-one) 전화를 활용한 커뮤니케이션이다. 대부분 얼굴을 모르는 상대방과 비대면 접촉이므로 텔레마케터의 첫 인상은 일단 전화의 목소리에서 출발한다. 이때에는 표정과 태도, 분위기 같은 비언어적 커뮤니케이션 요소가 완전하게 빠진 상태다. 따라서 적절한 음성응대화법을 구사하여 고객과 상담, 질의응답, 상품소개 및 주문접수, 고충처리 등을 해야 한다.

2) 표현 및 구술 능력

텔레마케팅은 전화라는 통신기기를 사용하여 다양한 성격과 욕구를 가진 고객과의 설득 커뮤니케이션 과정으로 볼 수 있다. 표현력은 적극성, 성격, 인내력, 판단력 등의 자질이 요구된다. 한정된 시간 동안에 고객이 지루하거나 짜증나지 않게 판매 메시지 또는 서비스제공 메시지가 전달되어야 하므로 간결하면서 정확한 표현, 신뢰감이 부여되어야 한다. 또한 표현 시에는 적극성도 지녀야 한다. 적극성에 따라서 고객의 반응은 매우 달라진다. 건강하고 밝은 성격이 유리하다. 또한 텔레마케팅의 단점인 반복적인 업무이기 때문에 인내력이 필요하다. 또한 판단력은 텔레마케터의 능력에서 우월이 많이 나타나는 요소인데, 고객의 반응을 빨리 이해하고 냉정하게 판단하여 핵심적인 내용을 분명하게 전달하여야 한다.

3) 훌륭한 청취력 · 이해와 배려

텔레마케터들에게 전반적으로 가장 취약한 부분이다. 남에게 의사를 전달하는 것도 중요하지만 입장을 바꾸어 상대방의 의사를 정확하게 캐치하는 청취력과 이해력도 중요하다. 커뮤니케이션은 1:1 쌍방 간 의사를 교환하는 행위이므로 청취력이 곧 잘 말할 수 있는 능력과 직결된다.

4) 품 성

텔레마케터의 품성은 전화인격 및 전화예절과 직결된다. 느낌이 좋은 고상한 말씨를 사용하며, 친밀감이나 따스함이 실린 목소리와 말투를 사용해야 한다. 또한 전화를 걸거나 받을 때 에티켓을 늘 지키며, 경어를 사용한다. 또한 상대방이 알아듣기 쉽게, 간결하게 말하는 것이 바로 품성이다. 마지막에는 감사의 마음을 반드시 전하는 것도 좋은 품성이다.

5) 조직적응력 · 감수성

재택근무도 있겠지만 주로 텔레마케터도 조직 내에서 생활하기 때문에 조직적응력도 중요한 자질이 된다. 책임감, 협조성, 향상심, 정신적 육체적 스트레스 해소, 독립심 등에 대해서도 소홀 할 수 없다. 최근에는 조직적응력 중에서 스트레스 및 신체의 긴장상태를 해소하는 능력도 갖추어야 한다. 고객에게서 컴플레인이 야기되었을 때, 고객을 설득시키지 못했을 때, 불쾌한 감정을 가진 고객에게 비난을 받았을 때, 텔레마케터 자신의 실적이 저조하였을 경우에 이를 적극적으로 극복하는 능력도 필요하다. 아울러 상대방의 마음을 움직일 수 있도록 감수성 훈련도 나름대로 익숙해져야 한다. 사소한 일이라도 말로써 상대방을 인정해 주면 상대방의 마음을 자극할 수 있다. 자신의 감성을 인식하고 타인의 감성을 인식하며, 자신에게 스스로 동기를 부여하며 자신의 감정과 타인의 감정을 다루는 능력이 있어야 한다.

6) 경 험

텔레마케팅 업무는 기업이나 운영조직의 입장에서 보면 텔레마케터가 근무함과 동시에 곧바로 텔레마케팅에 대한 높은 성과를 이루려는 경향이 높기 때문에 동일 또는 유사업종의 영업이나 실무 경험 여부를 따지는 경우가 많다. 텔레마케터는 전문교육기관에서 교육을 이수한 후 최소 1년 정도의 경험이 있는 경우가 취업하기에 유리하다. 특히 대기업, 외국계 기업, 해외전화 이용 상담, 컨설팅, 헤드헌트 채용, 특수고객을 타깃으로 하는 경우에는 전문적인 경험과 자질을 동시에 요구할 수 있으며 급여조건이나 근무조건도 유리하게 받을 수 있다.

7) 적당한 경쟁심

텔레마케팅은 개인별 실적의 우열이 뚜렷하게 나타나는 직종인 만큼 개인의 능력은 자신이 이룬 실적에 따라 평가 받고 보수나 급여도 달라질 수 있다. 남보다 더 나은 실적을 지속적으로 유지하기 위해서는 적당한 경쟁심을 지니고 있는 태도가 바람직하다. 자신보다 뛰어난 다른 텔레마케터는 어떤 이유로 더 나은 실적을 유지하고 있는가를 분석하여 보고 자신의 단점을 보완해 보는 것도 경쟁에서 뒤지지 않는 좋은 방안이다. 특히 자신에게 약한 점을 발견했을 때는 매니저나 슈퍼바이저에게 상담을 통해 약점을 보완하는 것도 좋은 방법이다.

8) 정서적 안정과 자기회복 능력

텔레마케팅은 1:1 비대면 접촉을 통해 소구력이 뛰어난 마케팅 기법이다. 즐겁고 보람된 통화도 많지만 상황에 따라서는 고객과 통화하면서 당황하기도 하고 스트레스를 받을 경우도 많다. 이때에는 자신의 감정을 조절하기 힘들고 고객과 감정충돌도 발생하는 경우도 있다. 그렇지만 텔레마케터는 최대한 자신의 감정을 억누를 수 있는 자세가 매우 중요하다. 특히 연체관리, 반품 요구 시 대응, 해약, 컴플레인 처리 시에는 대다수의 고객들이 분노해 있는 경우가 많으므로 그 분위기에 휩싸일 수 있으므로 평소에 자신을 컨트롤 할 수 있는 훈련 습득도 중요하다. 또한 통화결과에 따라 심리적으로 위축이 되거나 감정이 상하더라도 짧은 시간 안에 상황을 원상회복 시킬 수 있는 자기회복 능력이 요구된다. 근무시간에는 50분 근무 후 10분~15분 정도 반드시 휴식을 취하며, 황당무계한 고객과의 통화를 통해 기분이 몹시 상했을 경우에는 잠시 텔레마케팅 업무를 중단하고 분위기를 바꾸는 것도 다음에 상대할 고객에 대한 자신의 진정한 배려가 될 수 있다.

9) 제품 및 서비스 상식

텔레마케터의 전투력은 음성과 제품/서비스 상식으로 고객을 설득시킬 수 있는 능력이다. 따라서 제품에 대한 충분한 지식을 가지고 있어야 하며, 잠재고객이나 고객이 자신의 설득력에 매료될 수 있어야 한다.

10) 마케팅 · 경제 시사상식

텔레마케터는 전화만 걸고 말하는 앵무새가 아니라는 사실을 스스로가 느껴야 한다. 고객들 중에는 텔레마케터가 소개하고자 하는 상품이나 서비스 실체에 대해 더 높은 지식과 경험을 가지고 있는 경우도 많다. 또 상품이나 서비스를 소개하기 위해서는 그에 관련되는 제품이나 재질 특성은 물론 그에 관련되는 다양한 마케팅 지식, 경제, 경영상식, 정보 등에 상당 수준 통달 해 있어야 한다. 만약 아파트 신규분양에 대한 분양안내 상담을 할 경우에는 분양자격 조건, 중도금 입금 방법, 중도금 대출, 금리 및 이자계산, 관련 서류, 연체 시 불이익 등

관련 내용들이 상당하게 복잡하고 연계되는 경우가 많다. 이럴 때는 사전에 충분한 업무 흐름을 이해하고 이에 대한 적절한 상담을 해야 한다. 여기에다 최근에 흐르고 있는 마케팅 환경, 경제환경, 소비자 의식 등에 대해서도 학습할 경우 보다 폭넓은 텔레마케팅 상식을 지닐 수 있다. 이와 같은 마케팅·경제상식 넓히고자 할 경우에는 매일 경제신문을 탐독하는 습관과 경제전문잡지, 업무나 상품과 관련된 내용을 숙지하고, 경우에 따라서는 마케팅 관련 전문교육을 이수하는 등 적극적인 지식습득 노력을 게을리 해서는 안 된다.

11) 긍정적인 사고

일에 대한 강렬한 욕구를 가지기 위해서는 긍정적인 사고를 지녀야 한다. 전화를 할 때 일례로 [예스 화법]을 사용하여 상황을 긍정적으로 유도하여 고객을 설득하는 행동이 필요하다. 예스화법은 상대가 <예스> <그렇습니다>라고 응답하지 않을 수 없는 말이나 질문을 계속 건네는 화법을 말한다. 전화를 통화할 때도 <오늘은 물건을 사지 않아도 좋으니 일단 저희 말이라도 들어 주시겠어요>라는 말 등으로 작은 부탁이나 제안을 긍정적으로 제시할 경우 독하거나 아주 바쁜 고객이 아니한 당신의 긍정적인 사고방식에 점수를 주게 될 것이다.

3. 상담원이 갖추어야 할 능력

1) 정보분석능력

능력 있는 헤어디자이너는 다르다. 고객이 원하는 헤어스타일을 듣는 것 같지만 사실은 다각도로 분석한다. 두피두께정도, 염색정도, 뒤통수모양, 그동안의 주요 머리스타일에 대하여 상담을 해준다면 역시 미장원언니가 아니라 헤어디자이너답다라는 것을 알 수 있을 것이다. 상담원도 서비스 다자이너가 돼야 한다. 고객의 서비스 취향을 다각도로 분석하는 능력을 갖추어야 한다. 최초가입형태, 연령, 가입기간, 그간 문의내용, 최근 변경사항 등등... 한눈에 체크하고 데이터를 정보로, 지식으로, 지혜로, 승화시킬 수 있는 능력이 필요하다.

2) 관심유발능력

아웃바운드 상담을 잘하는 상담원의 공통점이 있다. 고객으로 하여금 대답하게 한다. 고객 스스로 질문하게 한다. 고객이 대화에 참여하는 것, 관심을 표현하는 것은 아웃바운드 상담의 핵심능력이다. 고객이 잘 대답하도록 하는 상담원은 질문의 질이 다르다. 질문의 질이 답의 질을 결정한다. 고객의 기억을 부추기는 참여질문, 고객이 대화에 동참하는 동기유발질문, 고객의 니즈를 불러일으키는 흥미탐색질문, 고객의 이해를 돕는 동의형 질문, 고객의 확신을 축하하는 결정도움질문.. 질문과 응대어로 고객의 관심을 채워주며 관계를 형성한다.

3) 핵심강조능력

정말 중요한 핵심이 무엇이고 상대에게 필요한 이점이 어느 부분이며 혼동하면 안 되는 부분이 무엇인지 등에 대한 전달이 잘 되어야 한다. 중요한 것을 사실적으로 강조할 수 있는 표현기술, 고객에게 무엇이 핵심이고 유의사항인지 분석하고 제안할 수 있는 상담원이 필요하다. 예를 들어 "성냥있냐?" 이 질문에 대한 대답을 "없다, 있다"로 한다면 적절치 않다. 성냥의 용도가 무엇이냐에 따라 그 대답은 달라지기 때문이다. 따라서 답변을 하기 전에 "어디에 쓰려고 하나요?"하고 되물어야 한다. 만일 이쑤시개용이라면 굳이 성냥이 아니어도 가능하기 때문이다. 이것을 '목적중심적사고'라고 한다. 고객관계관리를 위해서도 목적이 명확하면 방법은 다양할 것이다. 요즘 콜센터내부에서도 진정한 고객관계관리를 위해서 여러 가지 대안이 나오고 있다. 아웃바운드 초기 거절율을 줄이기 위해 고객접촉시간을 오후4시부터 8시까지 저녁시간대에 집중근무토록 하는 방안, 문의한 고객에게 응대후반부에 크로스셀링하는 방안, 아예 아웃바운드 상담을 없애고 무위한 고객에게 최선을 다하는 방안 그 무엇이든 목적이 분명해야 하며 그 고민 끝에 나온 것이기를 바란다. 섣부른 포기나 또 다른 밀어붙이기가 아니라 그렇지 않으면 '왜'라는 부분은 간과하고 활동의 노예가 될 수 있기 때문이다.

제2절 텔레마케터의 성공요소

1. 성공한 텔레마케터 되기

1) 잘 짜여진 스크립트를 이용하라

스크립트(Script)라는 용어가 텔레마케터들에게 거부감을 주는 것은 사실이다. 그러나 배우가 대본을 열심히 암송하고 연습하는 것처럼 텔레마케터들도 스크립트를 잘 활용하고 익숙하게 구사할 수 있도록 많은 연습과 훈련이 필요하다. 통화 상에서는 아주 전문적이면서도 자연스럽게 언어구사를 해야 한다. 조금만 서툴러도 상대방은 대본을 읽고 있다는 것을 금방 알아차린다. 또한 통화목적에서 벗어나지 않도록 철저하게 준비해야 한다. 텔레마케팅에서는 직접판매상황에서 사용가능한 여러 가지 수단들을 활용할 수 없기 때문에 잘 짜여진 스크립트는 필수적이다.

2) 열의를 가져라

전화상담에서 열의야말로 상대방에게 느낌을 전달할 수 있는 가장 좋은 방법이다. 열의가 있다면 상대의 태도를 통제할 수 있다. 또한 상대를 이해하려고 노력하고 있고 어떤 어려움도 해결해 줄 수 있을 것이라는 신뢰감을 고객이 느낄 수 있게 해준다. 비록 하루에 수십 번 똑같은 말을 되풀이한다고 하더라도 절대 매너리즘에 빠지지 말아야 한다. 연극무대에 선 배우라고 상상해 보라. 지난 6개월간 일주일에 여섯 차례씩, 주말에는 낮 공연까지 해 가면서 대사를 전달했다고 하더라도 오늘밤 공연 티켓을 산 사람은 한 번도 그 연극을 본 적이 없으며, 또한 최상의 연기를 감상할 권리가 있는 것이다.

3) 업무처리를 체계적으로 하라

회사가 텔레마케터에게 매일 통화일지를 쓰라고 요구하지 않더라도 시도 다이얼수, 접촉성공수, 가망고객 획득수, DM 요청건수, 회신건수, 소개받은 건수, 판매 성공건수 등에 관해 기록을 하는 것이 좋다. 숫자를 더해보고 비율을 계산하는 데는 불과 몇 분밖에 소요되지 않지만 보다나은 업무수행을 위해 어떤 부분에 집중해야 할지를 정확하게 알 수 있다. 매일매일 계획을 세우고 이를 실천해 보라. 가망고객이나 고객에게 Cold Call[7]을 해야 하고 Follow-up Call[8]도 해야 하며 판매를 하거나 소개를 받거나 이 두 가지를 동시에 해야 할 때도 있을 것이다. 물론 실패하는 Call도 있겠지만 목표를 미리 정해놓고 체계적으로 관리해 나간다면 지금보다 훨씬 더 높은 성과를 올릴 수 있을 것이다.

4) 목소리와 어휘능력을 개발하라

일반적으로 텔레마케팅에서는 대면 대화 때보다 20% 정도 더 높게, 즉 중음으로 목소리를 조절해야 하며, 이를 위해서 평소에 연습을 꾸준히 하여 텔레마케팅에 맞는 자신의 목소리를 개발해야 한다. 즉 억양, 리듬, 호흡, 발음, 강약, 속도 그리고 목소리 크기 등의 음성적 요소가 가망고객의 마음속에서 호감이 느껴지도록 해야 한다. 또한「서명, 판매, 소비, 강매, 지불」등의 단어나 전문용어 등은 가능한 피하고, 대신「결과, 보장, 용이함, 쾌적함, 안전함, 입증된, 절약, 새로움」등의 일반적으로 이해하기 쉽고 긍정적인 느낌을 줄 수 있는 단어를 사용해야 한다.

5) 창의성을 발휘하라

현명한 사람은 같은 말이라도 다른 표현을 써서 상대의 기분을 좋게 만든다. 가령『당신은 연세가 좀 드셨군요』라는 말 대신『당신은 한창 나이시군요』라는 표현이 듣는 이로 하여금 칭찬으로 받아들일 수 있도록 만든다. 항상 새로운 언어표현과 기술, 참신한 생각, 새로운 내용, 정확한 분석, 적절한 인용, 신개념들을 텔레마케팅에서 활용할 수 있도록 끊임없이 창의적인 노력을 기울여야 한다. 성공적으로 활용되고 있는 기법들을 수용하는 것도 좋은 방법이겠지만 무엇보다도 가장 유용한 것은 바로 자신이 지닌 상상력이다.

---

7) Cold call : 상대방에게 요구 받지 않은 전화를 잠재 고객에 하여 새로운 비즈니스를 획득 하기 위한 방법

8) Follw-up call : 후속전화, 확인전화

6) 자기개발에 투자하라

인생에 있어 성공한 사람들의 특징을 보면 대부분 자기 주변이나 자신의 일에 대해서 긍정적인 사고를 지니고 있다. 하루 단 한 시간을 일하더라도 또 아주 보잘것없는 생각을 했더라도 자신은 충분히 가치 있고 중요한 사람이라고 생각하도록 하자. 그리고 수입의 일부를 자신의 능력개발을 위해 기꺼이 투자하라. 자신의 성공은 스스로 쌓아온 노력의 결과라는 것을 항상 잊지 말아야 한다.

7) 빈틈없이 준비하라

현재 자신이 텔레마케팅을 하고 있는 상품과 서비스에 대해 정확히 알고 있는지 스스로에게 물어볼 필요가 있다. 전문 텔레마케터라면 교육 매뉴얼, 브로슈어, 광고물, 회사 연간 보고서 등 상품·서비스에 관련된 모든 지식을 사전에 숙지하고 있어야 한다. 경쟁사의 상품·서비스에 대해서도 비교분석할 수 있어야 하며, 앞으로도 계속 쏟아져 나올 신상품에 대해서도 꾸준히 익혀나가야 한다. 뿐만 아니라 상품과 서비스를 구매하는 고객 유형과 구매동기 및 구매기록까지도 파악하고 있어야 한다.

8) 성공 지향적 태도를 갖자

상대가 자신에 대해서 어떻게 생각하는가에 대해 너무 마음 쓰지 말기 바란다. 차라리 자기 자신에 대해 어떻게 판단하는지 스스로 생각해 보는 것이 훨씬 유익할 것이다. 소극적인 태도나 좋지 못한 습관 등은 버리도록 하자. 부정적인 사고 역시 버려야 할 것들이다. 왜냐하면 자신은 충분히 스스로가 추구하는 삶과 좋은 동료를 얻을 수 있는 자질을 지니고 있고, 성공적인 진로를 걸을 수 있는 능력을 지닌 사람이기 때문이다. 대부분의 사람들이 삶에 있어서 소외되는 것을 바라지 않는 것처럼 자신은 무엇이든 할 수 있고 무엇이든 될 수 있다는 믿음을 항상 가지고 있어야 한다.

9) 시간을 잘 관리하라

텔레마케터들이 전체 근무시간 중 시간관리를 못해 버리는 시간은 일주일에 평균 4시간 정도 된다. 지각, 식사시간 초과, 잦은 커피타임 등 쓸데없는 일로 낭비하는 시간은 줄이도록 한다. 한번 자신의 급여를 주당, 시간당으로 나누어 그 가치가 얼마나 되는지 스스로 따져보라. 한 시간에 5천원에서 많게는 8, 9천원씩 사라져가고 있다는 사실을 알게 된다면 자신의 시간을 낭비할 수 없을 것이다. 또한 자신의 리듬에 맞는 효과적인 통화시간대를 찾아 지키도록 노력하는 것도 중요하다.

10) 녹음으로 자신을 점검하라

텔레마케팅을 한 지 6개월이 아직 안된 텔레마케터라면 하루에 한 콜 정도씩 자신의 통화내용을 녹음해 들어보고 평가해 보도록 하자. 6개월이 지난 후에는 적어도 일주일에 한 통화정도씩 이런 훈련을 지속하는 것이 좋다. 녹음된 테이프를 들어보면서 자신이 구사하는 화법상의 내용이나 기법에 어떤 문제점이 있는지, 개선해야 할 점은 무엇인지 점검하여 고치도록 노력해야 한다.

11) 관심유발로 초기 거절을 막아라

가망고객이든 아니든 그들 중 60~90%는 처음 10초에서 30초 사이에 당신이 건 전화를 끊고 싶어 한다는 것을 알아야 한다. 대부분 전화를 하면 『관심이 없어요』, 『돈이 없어요』, 『요청한 적 없는데요』, 『전화로는 절대로 물건을 사지 않아요』 등과 같은 대답을 듣게 된다. 그러나 이러한 상황에 대해 미리 준비하고 즉각적으로 대처할 수 있어야 거절당하지 않고 통화를 계속 이끌어 나갈 수 있다. 예를 들어 『어떤 기분인지 잘 알겠지만 몇 분만 시간을 내 주시면 ~ 하실 수가 있을 것입니다』(이때 상대의 관심을 획득할 수 있는 이점을 강조하라) 또는 『괜찮습니다. 그래도 ~할 정보를 얻으실 수 있습니다』며 가망고객의 흥미를 유발하도록 한다.

12) 상담을 유도하라

상품이나 서비스 판매를 위한 정보수집이 필요할 때 먼저 가망고객에게 질문해도 좋은지 동의를 얻어야 한다. 이때 다음과 같이 말하면 아주 간단하다. 『바쁘시겠지만 몇 가지 사항에 대해 선생님의 의견과 생각을 듣고 싶은데 괜찮으시겠습니까?』 또는 『저희 회사는 선생님과 같은 고객분들이 투자수익을 극대화할 수 있도록 도와드리고 있습니다. 그렇지만 선생님께서 어느 정도 수익을 기대하고 계시는지 또 무엇을 중요하게 생각하고 계시는지 제게 말씀해 주시지 않으면 제가 도움을 드릴 수 없지 않겠습니까?』라고 말하면서 질문을 던진다면 쉽게 대화를 이끌어낼 수 있을 것이다.

13) 질문 리스트를 준비하라

통화 전 질문할 내용과 순서가 준비되어 있다면 고객의 말을 경청하는데 완전히 집중할 수 있다. 가능한 자유롭고 쉽게 대답할 수 있는 것으로 준비하면 짧은 시간동안 적은 질문을 통해 많은 정보를 얻을 수 있다. 예를 들어 『당신은 무슨 일을 하십니까?』 보다는 『어떤 일에 종사하시는지 말씀해 주실 수 있겠습니까?』, 『결혼하셨습니까?』 보다는 『가족관계는 어떻게 되십니까?』라고 질문하면 쉽게 고객을 파악할 수 있는 답변을 얻게 된다. 『주식에 투자하고 계십니까?』 대신에 『저에게 선생님의 투자경험과 성공사례를 좀 들려주실 수 있겠습니까?』라는 질문이 고객의 대답을 유도해 내기 훨씬 쉬울 것이다.

14) 통화 주도권을 뺏기지 말라

텔레마케터가 가망고객을 찾는 과정에서 종종 고객들이 먼저 질문을 하는 경우가 있다. 이때 잘못하면 질문에 대한 대답만 하고 아무런 정보도 얻지 못할 수도 있다. 이때 질문에 대한 대답과 동시에 이와 연결되는 다른 질문을 던짐으로써 다시 주도권을 잡을 수 있으며 더 많은 정보도 얻게 될 것이다. 만일 고객이 『이 상품은 품질보증이 됩니까?』라고 물으면 『이 상품은 90일 동안 무조건 보증이 됩니다. 왜 내구성이 그렇게 중요하다고 생각하십니까?』라고 다시 물으면 된다. 만일 고객이 『회사가 몇 년이나 되었습니까?』라고 물으면 『6년째 선생님 같은 분들에게 도움을 드려왔습니다. 우리 회사의 평판이나 신뢰도가 염려되시는 이유라도 혹시 있으십니까?』하고 자연스럽게 대화를 이끌어 나가면 된다.

15) 의사결정을 위한 기준을 설정하라

본격적인 상품·서비스 가치설득에 들어가기 전에 가망고객(더 중요한 것은 텔레마케터 자신)에게 결정은 상품소개를 다 듣고 난 후에 하라고 말하라. 먼저 『저희 프로그램에 대해 상세히 설명을 들어보시고 궁금하신 점이 있으시면 충분히 답변해 드리겠습니다. 선생님께서 최선의 결정을 내리실 수 있도록 도와 드리겠습니다. 괜찮으시겠지요?』 또는 『우선 제가 제안하는 내용을 다 들어보시고 세 가지 중에 한 가지만 결정해 주시면 감사하겠습니다. 먼저 제 제안을 받아주신다면 저희 고객으로 모시게 된 것을 정말 기쁘게 생각하겠습니다. 두 번째로 선생님께서 거절하시더라도 다음 기회에 다시 뵙게 될 수 있을 거라는 것으로 만족하겠습니다. 다만 좀 더 생각해 보시겠다는 말씀만은 하지 말아 주십시오. 잘 알고 계시겠지만 잘못된 결정보다는 우유부단함이 오히려 더 큰 손실을 초래할 수 있습니다. 이해하셨다면 이제 말씀드리겠습니다.』 하고 자신 있게 제안해보라. 보다 유리한 위치에서 설득할 수 있을 것이다.

16) 고객의 요구를 해결하고 판매를 종결하라.

고객은 상품이나 서비스 자체만을 보고 구매하는 것은 아니다. 고객은 상품이나 서비스가 자신을 위해 무엇을 해줄 수 있을 것인가에 더 관심이 있다. 따라서 상품구매를 통해 얻을 수 있는 이점을 강조하라. 이미 가망고객 발굴과정에서 파악한 고객의 요구나 희망사항을 인지하고 객관적인 사실이나 특징을 설명할 때 감정을 함께 넣어 전달해야 한다. 관심을 끌어야 하는 부분에서는 목소리를 높이고, 특히 강조할 부분에서는 말을 천천히 하거나 목소리를 낮추어가면서 효과적으로 감정이 전달될 수 있도록 해야 한다.

17) 반론을 환영하라

고객이 텔레마케터의 제안을 거절하려 할 때에는 「아무런 도움이 되어주질 못한다」거나 「다시 한 번 전화를 달라」는 표현으로 제안을 거절한다. 이런 경우 고객의 마음을 돌려놓을 수 있는 8단계 공식이 있는데 이 단계만 잘 이용하면 거절의 50%는 줄일 수 있다.

① 경청 절대 끼어들지 말라. 말보다는 고객의 마음과 생각을 읽어라.
② 공감 『이해할 수 있습니다』, 『어떤 말씀이신지 잘 알겠습니다』, 『어떤 기분이신지 정확히 알겠습니다』
③ 제한 『오늘밖에 기회가 없을 겁니다』, 『지금 시작하시지 못할 다른 이유가 있으십니까?』
④ 확인 『다시 말씀드려서 선생님께서 이 점에 대해 만족하신다면 제가 지금 가입신청을 받아도 되겠습니까?』, 『만약 제가 선생님께 지금 확실한 증거자료만 제시해 드린다면 오늘 결정해 주시겠습니까?』
⑤ 질문 『어떤 점이 아직도 마음에 걸리십니까?』, 『무엇 때문에 망설이십니까?』
⑥ 처리 반론에 대한 답변이나 적절한 처리
⑦ 안심 『이제 선생님의 고민이 해결되셨습니까?』, 『이제 한결 마음이 놓이시죠?』
⑧ 종결 적절한 타이밍 포착

2. 텔레마케터 두려움 극복하기

1) 두려움을 인정하고 그 실체를 확인하라

두려움을 가지고 있다는 것을 인정하는 것은 잘못이 아니다. 만일 두려움이란 단어가 자신을 괴롭힌다면 그 단어 대신 걱정이나 염려라고 바꿔보도록 한다. 즉 그것은 단지 자신을 불안하게 만드는 어떤 것에 불과하다. 그것이 무엇인지 확인해 보라. 덮어두는 것으로 결코 해결되지 않는다. 우선 두려움의 원인이 무엇인지를 밝히고 그 두려움이 어디서부터 발생하는지 알게 되면 이미 두려움을 제거할 수 있는 적절한 행동계획을 세우고 있는 자신을 발견하게 될 것이다. 대다수의 텔레마케터들은 일반적으로 다음과 같은 원인으로 두려움을 갖는다고 한다.

- 자신의 능력(상담·세일즈스킬)에 대한 자신감 결여
- 상품·서비스 지식 부족
- 경쟁사의 강점·약점 및 판매전략에 대한 정보부족
- 효과적인 텔레폰 커뮤니케이션 스킬부족
- 거절에 대한 불안감
- 상대편이 더 많은 정보를 알고 있을 것이라는 생각
- 목표에 대한 결심·각오 상실

2) 끊임없이 상담 · 세일즈 스킬을 개발하라

대부분의 경우 두려움은 일반적으로 스킬 부족에서 기인한다. 효과적인 질문, 반론처리나 종결스킬이 그 중에서도 매우 중요한 스킬이다. 스킬부족은 바로 자신감 부족으로 연결된다. 자신감이 없는 사람들에게 있어서 두려움은 하수구의 모기떼들처럼 급속하게 번식하기 마련이다. 스킬을 개발하는데 끊임없이 노력해야만 한다. 상담·세일즈 스킬에 관한 책을 읽거나 관련 세미나에 참석하는 것도 좋은 방법이 될 수 있다. 아니면 매니저나 슈퍼바이저와 상담하라. 자신의 전화를 모니터링하고 코치해달라고 요청하라. 아마 그들은 기꺼이 응해줄 것이고 분명히 많은 도움을 줄 수 있을 것이다. 조언자를 찾아보아라. 그리고 연습하라. 배우자나 아이, 개, 고양이 앞에서 아니면 혼자 거울 앞에서라도 끊임없이 연습해라. 이때 자신의 전화내용을 녹음해서 들어보는 것은 필수적이다.

3) 전문가가 되라.

대부분의 텔레마케터들은 상품·서비스 및 관련업계에 관한 지식을 습득하는 것에 대해 게으른 편이다. 자사의 모든 상품·서비스는 물론 관련업계에 관해 전문적인 지식을 갖추어야만 한다. 전문가들은 자신감을 가지고 있다. 고객들은 자신감 있는 목소리에 귀를 기울이게 된다. 또한 경쟁사의 상품·서비스에 대해서도 충분한 지식을 가지고 있어야 한다.

4) 상담 관련 매뉴얼을 최대한 활용하라

텔레마케팅 매니저나 슈퍼바이저들은 스크립트나 QA를 개발하는데 상당한 시간과 노력을 아끼지 않는다. 그런데 이러한 스크립트, 반론처리자료, 상품·서비스 FAB(기능·특징, 역할·장점, 이점·혜택)매뉴얼 등은 교육·훈련 때 한번 사용하고 나서는 대부분 현장에서 잘 활용되지 않고 있다. 교육·훈련시 받았던 자료들을 다시 한 번 활용해본다면 확실히 효과가 있을 것이다. 내용을 다시 수정하고 보완해가면서 자신의 것으로 만들어야 한다.

5) 목표를 설정하고 즉시 실행에 옮겨라

대체적으로 우리는 목표를 세우기만 하고 그것을 실행에 옮기는 것에 서툴다. 그리고 의미 없는 목표를 설정하기도 하며 너무 쉽게 달성할 수 있는 목표나 아예 실현 불가능한 목표를 세우기도 한다. 현실적인 목표를 설정하라. 더 중요한 것은 그 목표가 자신을 진단하는 도구로 활용되어야 한다. 자신이 어떤 방법으로 일을 하고 있는지, 어떤 부분을 더 노력해야 할지를 판단할 수 있어야만 한다. 매일매일 계획을 세우는 것으로 일을 시작하라. 누구에게, 왜, 언제 전화할 것인지 또 몇 통의 전화를 해서 몇 건의, 얼마의 실적을 올릴 것인지 등을 항상 미리 계획하라. 그리고 그 계획이 달성될 때까지 끝까지 매달려보자. 주말까지 열건, 백만 원의 실적보다 오늘 계획한 단 한건, 십만 원의 실적이 더 값진 것이 될 수 있다. 단기적인 목표는 장기적인 목표에 비해 그 실천력이 높기 때문이다. 주간계획, 월간계획보다는 일일계획에 충실하는 것이 훨씬 효과적이다. 두려움의 원인이 무엇인지를 정확히 알 수만 있다면 두려움과 싸우는 것은 특별히 어려운 일이 아니다.

※ 전화상담·세일즈 성공을 위한 황금법칙

① 항상 상품·서비스와 고객에 관해서 고객과 접촉하기 전에 가능한 한 많이 연구하라.

② 항상 상대방의 말을 경청하고 자신의 말을 조절하라.

③ 항상 자신감을 유지하고 통화중에 그 자신감을 보여주도록 하라.

④ 항상 반론에 대한 대비를 함으로써 반론을 결정적인 세일즈 포인트로 전환

시킬 수 있도록 하라.

⑤ 결코 통화한 것에 대하여 사과하지 마라.

⑥ 결코 목표를 향한 당신의 결심을 포기하지 마라.

제3절 텔레마케터의 채용과 교육훈련

1. 텔레마케터 채용의 중요성

콜센터의 성공적인 운영을 위해서 선행되어야 할 요소 중의 하나가 우수한 인력확보이다. 따라서 많은 콜센터에서는 업무나 조직의 특성에 알맞은 인력을 찾기 위해 노력과 시간을 아끼지 않고 있다. 텔레마케터의 선발기준에 대해서 몇 가지 살펴보면 다음과 같다.

1) 자격 기준

연령, 학력, 경력 및 결혼 유무 등에 관해서 업무에 적합한 자격기준을 정해야 한다. 텔레마케터의 적정 연령은 20~28세 전후로 사회경험이 어느 정도 있으며, 학력은 일반적으로 고졸 이상이나 점차 고학력자의 지망율이 높아지고 있다.

결혼여부는 크게 문제시 되지 않으며 금융계에서는 오히려 주부의 목소리가 안정감이 있어 고객과의 신뢰감 형성에 도움이 되기 때문에 주부를 선호하는 경향이 있다. 그러나 정해진 기준에 지나치게 맞추기보다는 면접을 통해 텔레마케터로서 가져야 할 자질 및 능력 평가에 우선순위를 두고 있다.

2) 임금 기준

임금기준은 담당하는 업무에 따라서 차이가 있는데 기본급과 성과급이 기본이다. 고객서비스 부문의 인바운드 텔레마케팅일 경우는 기본급의 비중이 크고, 아웃바운드 텔레마케팅일 경우는 인센티브 비중이 크다.

3) 면접 기준

콜센터는 회사의 업무에 알맞은 인력을 선별하기 위해 몇 가지 면접기준과 테스트를 하게 되는데 이를 살펴보면 다음과 같다.

(1) 전화 스크리닝 테스트

텔레마케팅은 전화상으로 업무를 하는 것이므로 면접 이전에 전화 스크리닝 테스트를 실시하기도 한다. 전화 스크리닝에서 가장 중점적으로 살펴보는 사항은 목소리, 발음의 정확성, 기본전화예절, 경청하는 능력 등이 있다.

<표 2-1> 전화 스크리닝 테스트 사례

성명 :　　　　전화번호 :　　　　일자 :

궁금한 점이 많으시겠지만 우선 몇 가지 사항을 묻도록 하겠습니다.

- 텔레마케팅에 관해서는 어떻게 아셨나요?
- 희망급여는? +( ) 월 백만원 이상, -( ) 월 백만원 이내
- 현재 주소 거주기간은? +( ) 6개월 이상, -( ) 6개월 이내
- 출근 소요시간은? +( ) 1시간 이내, -( ) 1시간 이상
- 현재 근무 유무는? +( ) 다니고 있다, -( ) 쉬고 있다
- 최종직장 퇴사 시기는? +( ) 3개월 이내, -( ) 3개월 이상
- 텔레마케팅 경력은? +( ) 6개월 이상, -( ) 6개월 이내
- 업무수행 결과는? +( ) 대단히 성공적, -( ) 그렇지 않다
- 지난 5년간 근무한 직장수는? +( ) 3군데 이하, -( ) 4군데 이상
- 미소 / 명랑 / 열정　E G F P
- 발음의 정확성 / 또렷함　E G F P
- 예절　E G F P
- 자신감에 충만　E G F P
- 경청 / 반응　E G F P

<E : Excellent, G : Good, F : Fair, P: Poor>

(2) 면접평가 방법

① 질문법

보기를 들면 다음과 같다.

- 왜 텔레마케팅에 관심을 갖게 되었는가?
- 텔레마케팅에 대해 아는 바를 설명해보라.
- 과거 전화를 이용한 업무에 종사한 경험이 있는가? (경험이 있다면, 좋았던 점과 싫었던 점을 설명해보시오.)
- 만약 고객과 당신이 전화로 해서 대화 시 상대방이 느낄 수 있는 당신이 장점과 단점이 있다고 생각되면 설명해보시오.

② 역할연기(Role Playing)

준비된 기본 스크립트를 가지고 역할연기를 하도록 하거나 대화 주제만을 선정하여 즉흥적으로 역할연기를 하도록 함으로써 응시자의 텔레마케팅 능력을 평가하는 방법이다.

③ 청취력 테스트

기본 스크립트를 읽어주고 전체 내용에 대한 청취능력을 테스트하는 방법이다.

④ 집단면접평가

텔레마케터가 가져야 할 여러 가지 자질과 능력을 보유한 응시자라 해도 콜센터는 팀워크가 또한 중요하기 때문에 기존 조직과의 관계도 고려해야 한다. 따라서 면접과정에서 조직의 선임자 중 경력자 몇 명과 집단면접을 실시하여, 기존 직원의 의견을 참고하여 선발하기도 한다.

<표 2-2> 면접평가 Sheet 사례

면접시 체크 항목	체크란(○표를 한다)	비 고
목소리는 중간음을 유지는 잘하고 있는가.	예 아니오 그 외	
인사는 하였는가.	예 아니오 그 외	
밝은 얼굴인가.	예 아니오 그 외	
침착성은 어떤가.	예 아니오 그 외	
이야기할 때 상대방을 응시하는가.	예 아니오 그 외	
성의나 열의정도는 어떤가.	예 아니오 그 외	
답변이 자신감이 없다.	예 아니오 그 외	
전체 분위기는 어떤가.	예 아니오 그 외	
적극성을 가지고 있는가.	예 아니오 그 외	
긍정적 사고는.	예 아니오 그 외	
얼굴 표정 및 언어의 표현력이 풍부하다.	예 아니오 그 외	
경어사용정도는.	예 아니오 그 외	
언어사용에 있어서 평상시 선택은.	예 아니오 그 외	
질문에 정확하게 응할 수 있다.	예 아니오 그 외	
전체적인 분위기와 침착성이 있다	예 아니오 그 외	

1. 채용하고 싶은 정도는 %
2. 전체적인 분위기 의도는 %
3. 성향은 (인 바운드, 아웃바운드)
4. Mind 형성 정도는 %
5. 업무에 임하는 최초 자세는 (상 중상 중 중하 하)

4) 채용 프로세스

콜센터는 위와 같은 과정을 거쳐 채용을 하게 되는데 이를 표로 정리하면 다음과 같다.

<그림 2-1> 채용프로세스

2. 텔레마케터의 교육훈련

콜센터 상담원은 채용이 된 후 실무를 수행하기 위한 신입사원 입문 교육을 비롯하여 경력에 따른 교육을 받는다. 콜센터 내에서 수행하는 교육훈련 과정을 표로 정리하면 다음과 같다.

<표 2-3> 콜센터 내 교육훈련 과정

과정명	구체적인 내용
서비스 마인드 교육	▪ 고객서비스의 이해 ▪ 고객서비스 마인드 형성 및 유지
업무규정 교육	▪ 기업에서 제정한 업무규정에 대한 기본적인 ▪ 지식과 대응방안
업무의 유형에 따른 응대방법	▪ 콜센터의 업무분야(인바운드, 아웃바운드)에 따른 커뮤니케이션 기법 ▪ 텔레마케팅 실시목적에 따른 응대기법
음성적 자질과 화법 교육	▪ 고객에게 호감을 느끼게 하는 음성적 자질 ▪ 효과적인 단어 선택과 비즈니스 화법 사용기술
콜센터 시스템 사용법 (콜센터 사용 프로그램)	▪ 콜센터 업무 실시에 필요한 시스템 사용법 ▪ 지식사이트의 전문지식 검색 및 사용법
컴플레인(반론극복) 응대방법 교육	▪ 컴플레인 발생 시 효과적으로 대처할 수 있는 응대 방법 ▪ 고객의 반대의견에 대한 효과적인 응대방법
기술(상품에 대한 정보 및 기술적 전문지식)	▪ 신상품에 대한 지식 ▪ 상품에 대한 전문적(기술적)지식
인성 교육(교양강좌, 성희롱 예방교육)	▪ 인성함양에 필요한 사내 특별교육 ▪ 성희롱 예방교육

1) 콜센터 내 교육훈련 과정

(1) 신입입문과정 (1개월~3개월)

- 직장예절, 비전, CS마인드, 애사심
- 직무 및 전산 기초교육
- 텔레커뮤니케이션 스킬(보이스트레이닝, 스피치, 상담 화법 등)
- 인바운드/아웃바운드에 따른 텔레커뮤니케이션 기법
- 고객유형에 맞춤 응대스킬 교육
- 스크립트 훈련, Role-Playing, 청취 교육
- 불만응대 교육

- Self-모니터링, 개별상담 훈련

(2) 상담 역량 향상 과정

- 자기관리 및 긍정적인 마인드 유지
- 설득력·상담의 효과적인 표현법 향상
- 업무·기술 지식 향상
- 보이스 관리
- 멀티채널 커뮤니케이션 기법
- 불만고객협상 스킬

(3) 관리자 능력개발 과정

- 성과지향 목표관리
- 제안서 작성법, 코칭 스킬
- 고객센터 업무운영전략, 멘토링 기본·전문가 과정 교육
- 리더십 발휘 및 조직관리 기법

(4) 사내강사 양성과정

- 사내강사의 역할·자세·교육평가
- 교수기법, 교안적성, 피드백 요령
- 코칭·멘토링 과정
- 스크립트 개발 및 활용기법

2) 교육훈련 방법

(1) 강의

일반적으로 교육에서 가장 기본적으로 사용된다. 콜센터 또는 기업 내 구축된 교육시설에서 집합교육을 실시하며 전달식의 방법이다.

직무에 필요한 기본적인 원칙에 대해 교재를 이용하여 교육하며, 교재안의 스크립트는 구체적인 예를 제시할 수 있어 교육훈련에 효과적이다.

(2) 역할연기(Role Playing)

참여자가 스크립트를 직접 읽어보거나 역할연기(Role Playing)를 수행하여, 문제점이 발견될 경우 바로 교정을 하는 방법이다.

역할연기(Role Playing) 수행 후에는 좋은 점과 개선 점을 지적하여 준다.

(3) OJT(On the Jog Training)

OJT(On the Jog Training)는 업무 중심의 교육 또는 업무를 통한 교육을 말하며 실제 업무현장에서 멘토와 멘티로 구성하여 교육하는 방법이다. 즉 기업이나 조직에서 개인의 능력을 개발하고 활용하기 위해 의도적으로 업무를 통하여 실시하는 교육활동을 말한다.

텔레마케팅의 OJT(On the Jog Training)목적은 크게 장기적·단기적 관점에서 살펴볼 수 있다.

① 장기적인 목표

상담원이나 콜센터 리더의 자기계발을 위한 동기부여, 조언, 지원(지도와 코칭, 배려)을 통해 콜센터에서 요구되는 전문능력을 발휘할 수 있게 한다. 또 창조성, 변화에 대한 적응능력 등을 갖출 수 있도록 도와준다.

② 단기적인 목표

콜센터 업무 능력의 핵심인 지식·기능·태도를 빠르게 향상시킬 수 있다.

제3장 전화 기본예절

오늘날 전화는 사회활동에서 크나큰 역할을 하고 있다. 그러나 전화를 거는 방법 또는 받는 방법에 요령이 없으면 역효과가 나기 쉬운 것이다. 즉, 결례를 범하기가 쉽다.

왜냐하면 서로 만나서는 말로 충분히 이야기를 할 수 있지만 전화로는 시간적으로 제약을 받으며 또한 대화가 아니기 때문에 표정도 볼 수 없는 것이어서 사소한 부주의로 엉뚱한 잘못이 발생된다던가. 아니면 뜻하지 않은 오해가 생기는 경우가 있기 때문이다.

따라서 전화사용을 잘하려면 충분한 주의와 훈련 그리고 사용할 때의 기본적 요령이 필요하다. 특히 서비스가 제일의 생명인 접객 부서에 있어서 전화는 매우 중요한 역할을 한다. 그러므로 이 같은 부서에 근무하는 사람은 통화상의 매너가 기업의 이미지에 지대한 영향을 준다는 사실을 인식해서 항상 주의해야 한다.

제1절 전화응대 기본

전화응대는 ① 신속 ② 정확 ③ 간단 ④ 정중 ⑤ 항상 미소를 잊지 말아야 하고, "안녕하십니까?", "○○○해 주시겠습니까?", "죄송합니다만, ○○○해주시겠습니까?" 등의 친절 용어가 생활화 되도록 부단한 노력이 필요하다.

1. 전화응대의 중요성

① 회사의 이미지가 결정된다.

한 번도 가본 적이 없는 회사일지라도 직원의 전화응대가 시원스럽고 밝으며 친절하면 그 회사에 대한 이미지도 좋아지게 된다.

② 고객과의 지속적인 관계를 유지할 수 있는 도구

보이지 않는 고객과 응대이기 때문에 목소리가 활기차고 친절하면 전과 또 다른 느낌을 준다.

2. 전화응대의 특징

- 얼굴 없는 만남 / 예고 없는 만남
- 오해가 생기기 쉽다.(습관적인 말투, 부정확한 발음)
- 보안이 되지 않는다.
- 고객에게 비용이 발생한다.
- 자신을 대변하는 것은 음성뿐이다.

3. 전화응대의 요소 3가지

전화를 받을 때나 걸 때의 올바르고 기본적인 사용법은 정확, 정성, 간결이다.

1) 정확한 전화응대

- 음성을 바르게 하고 어미를 명백히 한다.
- 성명, 품명, 수량, 일시, 장소 등은 천천히 명확하게 전한다.
- 상대가 이해 못할 전문용이나 들리기 쉬운 단어는 사용하지 않는다.
- 중요한 부분은 강조한다.
- 상대의 말을 미리 짐작하여 응답하지 않는다.

2) 정성이 깃든 전화응대

- 전화는 내용에 관심을 갖고 원만하게 진행시킨다.
- 필요 이상으로 소리를 크게 낸다든지 웃지 않는다.
- 말을 가로챈다든지 혼자서 말하지 않는다.
- 경박한 단어는 사용하지 않는다.
- 상대가 감정적으로 말을 하면 이쪽에서는 한 발 뒤로 물러서서 언쟁을 피한다.

3) 간결한 전화응대

- 전화를 걸기 전에 용건을 5W1H로 써서 말하는 순서와 요점을 생각해둔다.
- 불필요한 말은 반복하지 않는다.
- 복잡한 내용의 용건은 상대방의 진의를 잘 파악하여 신중하게 응답한다.
- 원가의식과 시간의식을 갖는다.

4. 전화 응대 시 유의사항

1) 시작할 때와 마칠 때 주의해야 한다.

전화매너는 시작할 때와 마칠 때의 태도로 그 수준이 결정된다고 한다. 즉, 시작할 때와 마칠 때에 불친절이나 무례가 나타나기 쉽다는 말이다. 전화를 받을 때 웃는 낯으로 시작하지 않으면 고객에게 딱딱하게 들리기 쉽다. 그리고 반가운 느낌을 전하지 않으면 차갑게 느껴진다. 또 수화기를 들고 자신의 신분을 미리 밝히지 않은 채 "여보세요"하고 고객의 반응을 기다리는 것은 불친절로 비친다.

통화가 끝난 뒤에 수화기를 놓을 때에도 이쪽에서 미리 툭 끊어버리지 않도록 주의해야 한다. 전화는 용건을 마친 다음에 "안녕히 계십시오" "전화 주셔서 감사합니다."는 식으로 마지막 인사를 분명히 한 다음에 조용히 수화기를 내려놓도록 해야 한다. 특히, 어려운 고객일 경우 저쪽에서 전화를 끊은 다음에 이쪽에서 끊는 것을 습관화하는 것이 좋다. 전화도 마치는 여운이 좋아야 한다.

2) 전화기 앞에서는 좋은 표정과 바른 자세를 갖춘다.

전화는 항상 웃는 낯으로 받는다. 이것이 전화예절의 제1조다. 이렇게 웃는 낯으로 전화를 받으면 자칫 저지르기 쉬운 전화상의 불친절을 피할 수 있다. 웃는 낯으로 "네, ○○과입니다." 또는 "네, ○○부의 ○○○ 입니다."하면 상대방과 부드럽게 전화를 시작할 수 있다. 그리고 전화를 마칠 때까지 미소 띤 얼굴을 유지하고 있어야 한다. 그래야 전화를 하는 고객이 친절함을 느낄 수 있다. 어떤 서비스 부서에서는 직접 찾아오는 고객보다도 전화상의 요청이나 문의를 처리할 때가 더 많다. 따라서 공직자는 평소에 친절한 전화매너를 숙달해야 한다.

3) 말은 언제나 누구에게나 정중하게 한다.

일반적으로 고객들이 불친절하다고 불평하는 것은 다음과 같은 경우로써 이러한 불친절 사례가 없도록 항상 주의해야 한다.

- 전화를 받으면서 자신의 부서나 전화 받는 사람의 신분을 밝히지 않는다.
- 목소리가 거만하거나 사무적으로 딱딱하다.
- 전화 받기 귀찮은 듯한 반응을 보인다.
- 말소리가 너무 무겁거나 느리다.
- 상대방이 누구냐고 물어본 후 당사자가 없다고 한다.
- 본인이 없는데 굳이 누구냐고 꼬치꼬치 묻는다.
- 물어보는 내용에 대해서 성의 없이 대답한다.
- 자기 용건만 얘기하고 빨리 끊어버린다.
- 전화상의 얘기가 길다고 짜증을 낸다.
- 자기 담당이 아니라면서 담당 부서나 담당자를 제대로 연결해주지 않는다.
- 전화상 얘기를 정중하게 듣지 않는다.

4) 부드럽고 상냥한 목소리로 하려고 노력한다.

물론 목소리는 사람마다 타고나는 것이고, 사람의 얼굴이 각자 다르듯이 목소리 또한 각양각색이다. 그러나 본인이 주의를 하고 훈련을 하면 얼마든지 좋아질 수 있는 것이 음성이다. 이런 점에서 자기 목소리를 녹음해서 들어보고 이를 좀 더 부드럽고 상냥하게 고치는 훈련이 필요하다.

5) 전화 통화는 상대방에게 눈에 보이는 이상으로 느낌이 그대로 전달된다는 것을 명심해야 한다.

전화상 불친절이 일어나는 가장 큰 요인은 전화상의 통화는 상대방이 보이지 않아서 부주의하기 쉽기 때문이다. 그래서 전화 통화는 처음부터 무례하거나 딱딱해지고 함부로 받기 쉽다. 안 보이는 상대방이 윗사람이나 어려운 사람일 수도 있다는 전제로 항상 친절하고 겸손하게 받아야 한다. 그래서 전화를 받으면 "총무과 ○○○ 입니다"라는 식으로 이쪽의 부서와 전화 받는 사람을 미리 밝혀야 한다.

한마디의 말에도 자신의 인격이 담겨 있다. 상대방이 눈앞에 보이지 않는다고 적당히 대답하면 그 느낌은 상대방에게 눈에 보이는 이상으로 전달된다. 어떤 점에서 전화통화는 직접 만나는 경우보다 더욱 친절하고 겸손해야 한다. 친절하고 세련된 전화통화는 단 몇 분의 통화로 상대방의 기분을 따뜻하게 한다. 그러나 무언가 거칠고 딱딱한 전화통화 한두 마디는 불쾌한 기분으로 오래 여운이 남는다.

6) 전화 통화의 취약성을 극복할 수 있어야 한다.

전화통화는 '기계'를 통한 '소리의 전달'이라는 특성으로 인해 불확실성이라는 내재적 취약성을 가지며, 이에 따라 때때로 의사전달에 큰 혼란을 초래하기도 한다. 이러한 전화의 불확실성은 메모와 복창으로 극복할 수밖에 없다.

우선, 전화를 받으면 수화기를 드는 것과 동시에 메모준비를 하여야 한다. 그러기 위해서는 당연히 메모지와 필기구를 전화기 옆에 마련해두어야 한다. 통화 중에 용건이 길어질 것 같으니까 잠깐 기다리라고 해 놓고는 부스럭거리며 메모준비를 한다면 그 인상이 좋을 리 없을 것이다. 메모는 통화내용의 요점을 기록해 나가되 특히 중요한 이름, 시간, 장소, 수량 등에서는 복창을 하여 확인해 두어야 한다.

복창은 상대방의 이야기를 들으며 중요한 대목마다 복창을 하기도 하고 또는 용건 전체를 간단히 요약하여 복창하기도 한다. 예를 들면, "128번 계좌, 김복남 씨의 보통예금통장을 8월 15일 11시경에 분실하셨다는 말씀이시죠?"

7) 기타 주의해야 할 전화 예절

- 상대방의 말을 끝까지 경청하며 의중을 정확히 파악한다.
- 성의 있고 책임 있게 답변한다.
- 신속, 정확, 간단하게 메시지를 전달한다.
- 전화기능을 숙지하여 실수를 하지 않는다.
- 잘못 걸려온 전화일수록 친절히 받는다.
- 사적인 통화인 경우 짧게 통화하고, 길어질 경우 상대방에게 양해를 구한다.
- 전화기의 감도는 예민하므로 사방 4미터 이내의 소리는 그대로 상대방에게 전해지므로 주의한다.
- 비밀스러운 이야기나 부탁이나 오해를 풀어야 할 경우 가능한 한 만나서 처리한다.

제2절 전화 거는 법과 받는 법

1. 전화를 받을 때

- 벨은 2회 울릴 때 수화기를 든다.
- 왼손으로 수화기를 들고 오른손으로 메모한다.
- 인사말과 함께 소속 부서와 자신의 이름을 밝힌다.
  · "안녕하십니까? ○○○부 ○○○과 ○○○입니다."
- 고객을 확인한다.

  고객이 자신을 밝히지 않을 경우 "실례지만 누구신지요?"라고 확인하여야 한다. 확인하지 않을 경우 고객으로 하여금 상식 없는 사람으로 오해 받기 쉽다.

- 5W 1H(what, when, where, who, why, how)에 의해 용건을 확인한다.
- 중요한 내용은 복창하고 상대방에게 확인한다.
- 전화를 받을 사람이 통화중일 때에는 정중히 이를 말하고, 급한 일이면 메모한다.
  · "○○○는 통화중인데 잠시 기다려 주시겠습니까?"
  · 기다리는 시간이 30초 이상 경과 시 "○○○의 통화가 길어질 것 같은데 메모를 남겨드리겠습니다"라고 하며 고객에게 알려준다.
- 메모 후 자기 신분을 밝혀준다.
- 전화를 받을 사람이 자리에 없을 때 상황에 맞게 처리한다.
  · "○○○는 지금 자리에 없습니다. 메모를 남겨드릴까요?"
  · "약 3시경에 돌아올 것 같습니다. 돌아오는 대로 전화를 드리도록 하겠습니다."
  · 알려준 시간에 돌아오지 않은 경우 고객에게 늦어지는 사실을 전화로 알려준다.
- 전화 통화중에 다른 사람과 상의할 일이 발생하면 고객에게 들리지 않도록 한다.
- 전화를 끊을 때 반드시 끝맺음 인사를 한다.
- 고객이 먼저 끊는 것을 확인하고 조용히 수화기를 내려놓아야 한다.

2. 전화를 걸때

- 상대방의 입장(TPO : time, place, occasion)을 고려하여 전화를 걸어도 될지를 생각한다.
- 상대방의 전화번호, 이름, 소속, 용건을 미리 확인한다.
- 상대방이 수화기를 들면 인사를 하고 자기의 소속과 이름을 밝힌다.
- 상대방을 확인하고 지명인을 찾는다.
- 원하는 상대방이 부재 시 "죄송합니다만 ○○○에게 메모를 부탁 합니다"

라고 정중히 부탁한다.

- 전화 송수신 상태가 불량 시 그 사정을 말한다.
- 통화중에 전화가 끊기면 곧 다시 걸어 상대방으로 하여금 기다리지 않게 한다.
- 용건이 복잡할 때는 요점을 재확인시킨다.
- 전화를 끊을 때 반드시 끝맺음 인사를 한다.
  · "잘 부탁합니다", "안녕히 계십시오" 등 정중한 인사를 하고 끝낸다.
- 상대방이 끊는 것을 확인하고 조용히 수화기를 내려놓는다.

3. 상황별 전화응대

① 전화를 돌려줄 때

- 1단계 : 전화건 사람에게 통화하고자 하는 사람의 근무 부서를 아는지 물어본다. 그렇다고 하면,
- 2단계 : 전화를 돌려주겠다고 말한다.
- 3단계 : 담당자가 전화를 받을 때까지 전화를 끊지 않는다.
- 4단계 : 전화가 연결되었다고 말해준다(전화기 작동상 가능한 경우)

② 전화 건 사람이 통화하고자 하는 사람의 근무 부서를 모를 경우

- 1단계 : 필요한 정보를 알아본다.
- 2단계 : 담당자의 이름 / 교환 번호를 알려준다.
- 3단계 : 전화를 돌려주겠다고 말한다.
- 4단계 : 담당자가 전화를 받을 때까지 전화를 끊지 않는다.
- 5단계 : 전화가 연결되었다고 말해준다(전화기 작동상 가능한 경우).

③ 담당자가 부재임을 알릴 때

- 1단계 : 전화건 사람에게 담당자가 부재인 것에 대해 사과인사를 한다.
- 2단계 : 담당자의 부재 사유를 설명한다.
- 3단계 : 부재중인 담당자와 전화 통화가 가능한 시간을 알려준다.

- 4단계 : 남기고 싶은 메모가 무엇인지 물어본다.
- 5단계 : 받아 적은 메모 내용을 확인한다.
- 6단계 : 메모를 담당자에게 전해 줄 것이라고 명시한다.
- 7단계 : 전화를 마무리 짓는다.

④ 메모를 받아 적을 때

- 1단계 : 전화건 사람에게 무엇을 도와줄 수 있는지 물어본다.
- 2단계 : 메모를 전화 메모지에 기록한다.
- 3단계 : 전화건 사람의 회사명 / 전화번호를 물어본다.
- 4단계 : 남기고 싶은 메모가 무엇인지 물어본다.
- 5단계 : 받아 적은 메모 내용을 확인한다.
- 6단계 : 언제 전화를 주는 것이 적합한 시간인지 물어본다.
- 7단계 : 메모를 담당자에게 전해 줄 것이라고 명시한다.
- 8단계 : 전화를 마무리 짓는다.
- 9단계 : 통화 날짜 / 시간을 기록한다.
- 10단계 : 전화 메모지에 서명한다.
- 11단계 : 담당자에게 메모를 전달한다.

⑤ 통화 중 대기 상태에 놓을 때

- 1단계 : 전화건 사람에게 통화 중 대기 상태에 놓아야하는 이유를 설명한다.
- 2단계 : 전화건 사람에게 통화 중 대기 상태에 놓아도 괜찮은지 물어본다.
  괜찮다고 하면,
- 3단계 : 통화 중 대기 상태에 놓겠다고 말해준다.
- 4단계 : 통화 중 대기 상태에 놓는다.
- 5단계 : 10~20초가 지나면 상황 보고를 하고 계속 기다리겠는지, 아니면 메모를 남기겠는지 물어본다.
- 6단계 : 다시 통화를 할 때 기다려 준 것에 대한 감사를 표시한다.
  전화를 건 사람이 대기 상태에 놓이는 것을 원치 않으면,
- 7단계 : 메모를 남기고 싶은지 물어본다. 메모를 남기지 않겠다고 하면,
- 8단계 : 나중에 담당자가 전화를 해주길 원하는지 물어본다.

그렇지 않다고 하면,

- 9단계 : 전화해 준 것에 대해 감사를 표시하고 전화를 마무리 짓는다.

⑥ 동시에 여러 전화가 올 때

- 1단계 : 통화하던 고객에게 다른 전화가 왔음을 알리고, 잠시만 기다려 달라고 양해를 구한다.
- 2단계 : 다른 전화를 받는다.
- 3단계 : 먼저 전화 온 고객과 통화중임을 설명하고, 사과한다.
- 4단계 : 전화 온 고객의 이름, 용건, 연락처 등을 물어보고, 먼저 온 전화 통화가 끝나면 곧바로 전화 드리겠다고 말한다.
- 5단계 : 자신의 이름을 밝히고, 감사를 표시한 후 전화를 마무리 짓는다.
- 6단계 : 통화 대기 중인 고객과 다시 통화한다.

⑦ 불만 고객을 대할 때

- 1단계 : 완충적인 표현을 사용하여 고객의 불만을 가라앉힌다.
- 2단계 : 고객의 불만에 공감을 표시한다.
- 3단계 : 상황에 대해 사과한다.
- 4단계 : 고객의 감정을 건드리지 않고 끝까지 경청한다.
- 5단계 : 더 많은 정보를 가지고 원인 규명을 한다.
- 6단계 : 고객의 문제를 이해하고 있다는 의미에서 고객의 관심 사항을 반복한다.
- 7단계 : 고객의 단골거래에 감사하고 있음을 나타낸다.
- 8단계 : 문제의 상황에서 어떻게 더 잘 해드려야 하는지에 대해 묻고, 가능성에 대해서 설명한다.
- 9단계 : 고객이 해야 할 일과 자신이 해야 할 일을 각각 요약한다.
- 10단계 : 기분 좋게 일을 마무리 한다.
- 11단계 : 감사 표현을 한다.

4. 전화응대 화법

대답은 「예」이다. 「예예」 「에」 「옛」 「응」 등을 사용하지 않도록 한다.

1) 인사말

인사라고 하는 한자는 인(열다. 펴다), 사(다가가다)라는 의미가 있다. 마음을 열고 상대에게 다가간다는 말이다.

인사말은 인간관계를 넓히고, 그리고 깊게 한다. 인사말은 비즈니스의 윤활유이고, 대화의 기본이다.

2) 비즈니스(Business)용어

비즈니스에 관계된 사람이라면 사용해서는 안 될 말들이 있다.

「이름은?」 「~이 아니라, 죄송합니다만,」 「성함이 어떻게 되십니까?」 「조사해 보지요」가 아니라 「조사해 보겠으니, 좀 기다려주십시오」라는 등의 말은 기본중의 기본이다.

3) 올바른 경어

상대방에게는 존경어를 붙이고, 자기 측에는 겸양어를 사용하도록 한다.

4) 긍정적인 표현

가장 사용해서는 안 되는 말이 부정적인 표현이다. 따라서 부정적인 표현은 철저히 긍정적인 표현으로 바꾸어야 한다.

「4시까지 갈 수 없습니다」 「모르겠습니다」 ---> 「죄송합니다. 업무처리가 늦어지고 있는데 언제쯤 도착할 수 있는지 확인해보겠습니다」라는 것처럼 표현을 달리해서 상대에게 전해야 한다.

<표 3-1> 전화응대 시 적절한 표현 화법

구분	표현 화법	상황
인사말	"안녕하십니까 - ", "반갑습니다 - " "감사합니다", "즐거운 하루 되십시요"	대화 시작 전또는 대화 마무리 시
맞장구	"네, 맞습니다" "아, 그러세요" "네,-" "그러시군요"	고객의 말을 경청할 때
양해/감사	"잠시 기다려주시겠습니까?" "기다려 주셔서 감사합니다" "확인해주셔서 감사합니다"	고객을 기다리게 하거나 상담원의 물음에 답해주었을 때
확인요청 표현	"(실례지만) OO을 말씀해주시겠습니까?"	고객의 전화번호, 성명, 주소를 확인해야할 때
적극적인 표현	"확인해보겠습니다, 잠시만 기다려주시겠습니까?	잘 모르는 내용을 물어본 경우
쿠션언어	"죄송합니다만", "실례지만" "번거로우시겠지만", "양해해주신다면" "괜찮으시다면"	부탁이나 양해를 구할 때
사과	"정말 죄송합니다" "뭐라 사과의 말씀을 드려야할지 모르겠습니다"	사과를 해야 할 때

제3절 전화응대 체크리스트

1. 전화 받는 예절 CHECK LIST				
구분	확 인 사 항	상	중	하
1	벨이 3회 이내 울릴 때 받았습니까?			
2	메모 준비는 되어 있습니까?			
3	바르게 자신의 이름을 말했습니까?			
4	상대방을 확인했습니까?			
5	전화를 신속하게 바꿔 주었습니까?			
6	찾을 사람이 없을 때 적절히 처리했습니까?			
7	요점을 복창했습니까?			
8	용건을 들으며 메모를 했습니까?			
9	전언을 부탁 받았을 때 상대에게 자신의 이름을 말했습니까?			
10	전화를 여기 저기 쓸데없이 바꿔 주지는 않았습니까?			
11	전문용어를 쓰지는 않았습니까?			
12	너무 오래 기다리게 하지는 않았습니까?			
13	알기 쉬운 말로 배려를 하면서 전화를 받았습니까?			
14	확실하고 밝은 목소리였습니까?			
15	경어는 적절했습니까?			
16	끝맺음의 인사를 했습니까?			
17	상대방이 끊고 나서 전화를 끊었습니까?			

2. 전화 거는 예절 CHECK LIST				
구분	확 인 사 항	상	중	하
1	상대방의 번호를 확인하고 걸었습니까?			
2	말한 내용을 미리 메모하고 걸었습니까?			
3	다이얼이나 버튼을 펜 끝으로 누르지는 않았습니까?			
4	바르게 자신의 이름을 말했습니까?			
5	상대방을 확인했습니까?			
6	처음 인사는 상냥하게 했습니까?			
7	용건은 서로 확인했습니까?			
8	요점은 서로 확인했습니까?			
9	알기 쉬운 말로 했습니까?			
10	확실하고 밝은 목소리였습니까?			
11	경어는 적절했습니까?			
12	끝맺음의 인사를 했습니까?			
13	조용히 끊었습니까?			
14	시외전화인 경우 시간에 유의했습니까?			

◑ Self-Monitoring Check List ◑

내 용		상	중	하
음성	목소리에 정성과 사랑이 담겨 있는가			
	정확하고 분명하게 발음하고 있는가			
	너무 느리거나 빠르게 말하지 않나			
	열정과 자신감이 느껴지는 음성인가			
경청	집중하여 듣고 있는가			
	선입견과 편견을 버리고 고객 입장에서 듣고 있는가			
	고객의 말을 가로막지는 않는가			
	정확한 이해를 위해 요점과 다르기 쉬운 부분을 복창하였는가			
	들으면서 내용을 적절히 메모하고 있는가			
상담	고객에게 호감을 줄 수 있는 화법을 사용하고 있는가			
	고객의 궁금증을 풀어드리기 위해 최선을 다하였는가			
	고객을 배려하는 자세로 이야기 하였는가			
	말을 지나치게 많이 하거나 과장된 표현을 하지는 않는가			
	고객에게 질문을 너무 장황하게 하지는 않는가			
	업무용어나 외국어 등의 전문용어를 남용 하지는 않는가			
	고객의 상담 목적을 정확히 파악하였는가			
	고객에게 경쟁사를 비난하지는 않는가			
	고객을 너무 친숙하게 대해 실례가 되는 일은 없는가			

제4장 텔레커뮤니케이션 스킬

제1절 음성 조절법

1. 호흡법

1) 호흡법

일반적으로 호흡이란 흉곽의 확대/수축 운동과 횡격막의 상하운동에 의하여 폐포가 확장/수축함으로써 생기는 대기와의 압력 차에 의해 수동적으로 이루어진다. 이때 내/외 늑간근에 의한 흉곽의 확장 수축운동에 크게 의존하는 호흡형이 흉식호흡이며, 상대적으로 복근의 운동에 의하여 횡격막을 상하로 작용시키는 방법에 더 크게 의존하는 호흡형이 복식호흡이라 할 수 있다.

횡경막은 흉강과 복강을 나누는 얇은 근육막으로써 평상시 위로 볼록(낙하산 모양)한 상태로 있는데 복근운동에 의하여 수축하면 수평으로 되며, 이때 복강내 장기를 눌러주어 복강내 장기의 정맥혈류가 원활하게 심장으로 환류 되도록 펌프역할을 하며 동시에 흉강의 음(-)압을 크게 하여 폐포 내로 공기가 흡입되게 하는 복식호흡에 직접 관계있는 근육막이다.

이와 같이 복식호흡은 흉식호흡과 달라서, 압력 변화가 흉복의 두강에 미치기 때문에 여러 장기의 혈액 순환이 활발해진다. 그러므로 생체의 운영도 쾌적하게 움직인다. 복식호흡은 흉식호흡보다 훨씬 뛰어난 호흡형이며 이런 타입은 일에 별로 구애를 받지 않는 낙천가에게 많다. 복식호흡을 잘하는 사람으로서 노이로제 환자는 일체 없으며, 스트레스 해소, 노이로제 치료에도 복식호흡이 가장 좋은 방법으로 알려져 있다. 양장의 코르셋이나 한복의 치마끈 또는 임산부 등에서는 일반적으로 복식호흡이 방해되는 일이 많다.

반면에 약하고 얕은 흉식호흡은 폐의 가스교환이 충분히 이루어지지 않을 뿐만 아니라, 복강의 압력변화(뱃심의 발생)도 기대할 수 없다. 따라서 혈액순환도 나빠지고 내장의 활동이나 정신활동까지 저하된다. 슬픔에 잠겼을 때, 심한 스트레스 중에 있을 때는 약한 흉식호흡을 하며 얼굴빛도 흐리고 식욕도 없고 기력이 없게 된다. 얕은 호흡법은 뭔가 근심이 있거나 걱정만 하는 타입의 사람에게 많은 호흡형이다.

최근에 노이로제 증상이나, 스트레스로 인한 자율신경의 언밸런스가 급격히 늘어나는 것이 이 얕은 흉식호흡이 커다란 원인이다. 자기의 호흡은 남의 일이 아니며, 호흡법을 개선함으로써 정신과 신체의 건강은 물론이고 사물의 관찰과 사고방식 및 행동양식 즉 인생관이 달라지는 것이다.

2) 복식호흡 방법

코로만 호흡, 입으로는 호흡을 하지 않는다. 들이쉬는 호흡에 대해 말하자면, 들이쉬는 것은, 항상 코로 들이쉬시는 게 좋다. 코로 숨을 들이 쉬어야, 공기 중의 먼지나 오염 물질들을 어느 정도 걸러 낼 수 있게 되며, 습도와 온도가 적절히 조절되어, 즉, 들이 마신 숨에 적절히 습도를 제공하고, 공기를 따뜻하게 만든 상태에서 폐로 들여보내기 때문에 폐에 무리가 가지 않게 된다. 만약, 입으로 공기를 함께 들여 마신다면, 들이마시는 흡입양은 많아지겠지만, 먼지와 오염물질을 그대로 폐로 들여보내게 되고, 건조한 공기와 차가운 공기가 그대로 폐를 침범하여, 호흡기가 약하신 분에게는 매우 좋지 않은 영향을 미칠 수도 있다. 물론, 짧은 기간 동안은 문제가 없겠지만, 입으로 들어 마시는 호흡을 장기간 계속하게 되면, 분명 폐에 안 좋은 결과를 초래한다. 이러한 이유로, 호흡은 항상 코로 들이쉬고 코로 내쉬는 것을 원칙으로 하는 것이다.

평소 흉식호흡에 익숙하고 숨이 짧으신 분들의 경우, 앉아서 하는 복식호흡보다는 누워서 복식호흡을 하는 것이 더욱 좋다.

복식호흡을 하는 구체적인 방법으로는 다음과 같은 방법으로 하루에 20-30분 이상 하면 효과적이다.

① 양손을 배위에 편안히 올려놓으며 긴장하지 않는다.

② 숨을 코로 들이쉬면서 마치 풍선이 부풀어 오르듯 지긋이 배를 나오게 한다.
③ 숨을 내쉬면서 마치 풍선 속의 바람이 빠져나가 듯, 배에 힘을 빼서 배가 자연스럽게 내려가게 놓아둔다.

이러한 호흡이 처음에는 약간 힘이 들겠지만 너무 힘을 주어 억지로 하지 말고 최대한 자연스럽게 편안한 범위 내에서 배를 나오게 한다. 억지로 하게 되면, 답답하고, 불편하고, 몸에 긴장이 많이 들어가게 된다. 또한, 호흡이 자연스럽게 물 흐르듯이 이어져 나가야 하는데, 너무 인위적으로 힘을 주게 되면 이러한 흐름이 끊어지게 된다. 최대한 자연스럽게 숨을 깊이 들이쉬고 내쉬면서, 아랫배를 의식하며 호흡하다 보면 복식호흡이 점점 몸에 붙게 된다.

2. 발성법

사전적 정의로는 호기(呼氣)에 의해 성대를 진동시켜 음성을 만들어내는 생리현상을 말하며 음악에서는 성악의 소재로서의 노랫소리를 만들어 내는 방법을 말한다. 여기에는 성대 조절법 뿐만 아니라 호흡법·조음법도 포함된다. 발성법은 인간이 태어날 때 내는 '첫 번째 울음소리'가 가장 자연스럽고 가장 보편적인 것이라고 한다. 민족에 따라 언어·종교·기타의 문화사회적 환경, 기후 풍토 등의 자연환경, 악기의 영향, 형질인류학적 발성기관의 특징 등의 차이와 그 영향으로 민족 고유의 발성법을 갖게 되고, 그 고유한 발성법에 따라 모국어를 말하고 노래를 부른다. 이것이 민족음악의 발성법이다. 민요는 일반적으로 이 발성법으로 부른다.

유럽의 예술음악에서는 벨칸토 창법으로 부르는 발성기법이 발달해 있다. 이 방법은 복식호흡을 써서 복근을 훈련함으로써 흡기로 인해 내려간 횡격막의 상태를 그대로 유지하도록 하여 호기의 다량 유출을 방지하면서 숨을 조절하여 내뱉으며, 자연 상태 그대로의 위치에 있는 성대를 진동시켜 소리를 내는 것이다. 상반신은 편안하게 하고 흉강·인두강(咽頭腔)·구강·비강에 충분하게 소리를 공명시킨다. 또한, 혀와 입술 등 조음기관도 충분히 기능적으로 활용하여 아름다운 목소리에 명석한 발음이 나도록 한다. 이 발성법은 생리적으로도 합리적인 방법으로서, 독특한 바이브레이션과 자유롭고 풍부한 표현능력을 지니고 있다.

우리가 같은 노래를 부른다 해도 사람마다 차이가 나는 것을 볼 수가 있다. 우리는 이러할 때에 음색이 다르다는 말을 쓰는데, 음색이라고 해서 보이는 색이 있는 것은 아니지만 우리의 청각을 통하여 주관적인 질감의 차이를 느낄 수 있다. 이러한 차이를 우리는 음색의 차이라고 한다. 어떤 사람은 같은 음이라도 굵직한 소리가 나는가 하면 가는 소리가 나기도 하고 맑은 소리가 있는가 하면 허스키한 소리도 있다. 이러한 차이는 성대의 구조와 이를 둘러싸고 있는 부속기관의 개인차에서 기인한다고 볼 수 있다.

좋은 발성을 하기 위해서는 성대 관리 방법 또한 중요하다. 평소에도 성대를 보호하기 위하여, 소리를 지르거나 속삭이는 소리를 많이 내는 일을 삼가는 것이 좋고, 말을 할 때도 쉼 없이 말하는 것 보다는 중간 중간 물을 먹으면서 말을 하는 것이 성대를 보호하는 방법이다.

발성에도 어떻게 하느냐에 따라 좋은 방법과 나쁜 방법이 있다. 다음 방법을 알아보고 가급적이면 나쁜 발성이 되지 않도록 해야 한다.

► 나쁜 발성법

- 큰소리로 말하거나 고함을 지른다.
- 힘을 주어 말을 한다.
- 운동을 하면서 말을 한다.
- 흥분하며 말한다.
- 빨리 말한다.
- 극단적으로 높은 소리나 낮은 소리로 말한다.
- 피로한 상태에서 말한다.

► 좋은 발성법

- 안정된 상태에서 천천히 명확하게 말을 한다.
- 편하게 나오는 목소리로 말을 한다.
- 발음은 정확하고 똑똑하게 말을 한다.

3. 발음의 표현과 연습

발음의 기본은 화술의 가장 작은 단위를 형성하는 성분들로, 발음의 기본이 발전하여 발음 속 화술의 요소를 통합하는 특성으로 나타나고, 나아가 음악적인 요소와 언어적인 요소로서 그 핵심을 이루게 되므로, 발음의 일정한 규칙과 질서를 가리켜 발음의 기본이라고 할 수가 있을 것이다.

특히 음성언어에 해당하는 화술에 있어서는, 완성된 문장 속에서 나타나는 요소로써, 통합적으로 폭넓게 쓰이는 말하기의 성분과 성질에 해당이 되며, 모음의 소릿값인 발음에 나타나는 리듬과, 낱말 속의 모음과 자음에 대한 장단을 동시에 잘 조절하여 표현하여야 만이, 모든 언어적인 요소들을 잘 살릴 수가 있을 것이다.

1) 발음 훈련

정확한 발음과 발성 연습을 위한 방법으로 아나운서들이나 방송계 연예인들, 그리고 발음 교정을 필요로 하는 사람이 연습하는 방법으로 사투리가 심한 사람, 목소리가 불안정한 사람, 혀가 짧은 사람, 발음이 부정확한 사람 등은 다음과 같이 해보도록 한다. 효과는 90%이상이 될 것이다. 정확한 발음을 구사하기 위하여 다음과 같은 단계로 연습을 실시해본다.

① 입술 운동

할아버지 할머니 아버지 어머니 형님 누나 이모 고모

② 혀 운동

아(a) → 에(e) → 이(i) → 오(o) → 우(u) 진달래 → 민들레 → 진달래 → 민들레

③ 입체조 발음표

가	갸	거	겨	고	교	구	규	그	기
나	냐	너	녀	노	뇨	누	뉴	느	니
다	댜	더	뎌	도	됴	두	듀	드	디
라	랴	러	려	로	료	루	류	르	리
마	먀	머	며	모	묘	무	뮤	므	미
바	뱌	버	벼	보	뵤	부	뷰	브	비
사	샤	서	셔	소	쇼	수	슈	스	시
아	야	어	여	오	요	우	유	으	이
자	쟈	저	져	조	죠	주	쥬	즈	지
차	챠	처	쳐	초	쵸	추	츄	츠	치
카	캬	커	켜	코	쿄	쿠	큐	크	키
타	탸	터	텨	토	툐	투	튜	트	티
파	퍄	퍼	펴	포	표	푸	퓨	프	피
하	햐	허	혀	호	효	후	휴	흐	히

④ 발음 연습용 문장

나무젓가락이나 볼펜 등을 입에 물고 문장을 정확하게 읽는다. 하루에 15분 정도만 연습한다면 지나친 사투리 억양을 교정할 수 있을 것이다(사투리뿐만 아니라 혀가 짧거나 발음이 부정확한 사람도 이 방법으로 교정이 가능하다).

- 들의 콩깍지는 깐 콩깍지인가 안깐 콩깍지인가. 깐 콩깍지면 어떻고 안깐 콩깍지면 어떠냐. 깐 콩까지나 안 깐 콩깍지나 콩깍지는 다 콩깍지인데.
- 간장 공장 공장장은 강 공장장이고, 된장 공장 공장장은 장 공장장이다.
- 저 분은 백 법학박사이고 이 분은 박 법학박사이다.
- 작년에 온 솥장수는 새솥장수이고, 금년에 온 솥장수는 헌 솥장수이다.
- 상표 붙인 큰 깡통은 깐 깡통인가? 안 깐 깡통인가?
- 신진 샹숑가수의 신춘 샹숑쇼
- 서울특별시 특허허가과 허가과장 허과장

- 저기 저 뜀틀이 내가 뛸 뜀틀인가 내가 안 뛸 뜀틀인가
- 앞집 팥죽은 붉은 팥 풋 팥죽이고, 뒷집 콩죽은 햇콩단콩 콩죽, 우리집 깨죽은 검은깨 깨죽인데 사람들은 햇콩 단콩 콩죽 깨죽 죽먹기를 싫어하더라.
- 우리집 옆집 앞집 뒷창살은 홑겹창살이고, 우리집 뒷집 앞집 옆창살은 겹홑창살이다.
- 내가 그린 기린 그림은 긴 기린 그림이고 네가 그린 기린 그림은 안 긴 기린 그림이다.
- 저기 계신 저 분이 박 법학박사이시고, 여기 계신 이분이 백 법학 박사이시다.
- 저기 가는 저 상장사가 새 상 상장사냐 헌 상 상장사냐.
- 중앙청 창살은 쌍창살이고, 시청의 창살은 외창살이다.
- 멍멍이네 꿀꿀이는 멍멍해도 꿀꿀하고, 꿀꿀이네 멍멍이는 꿀꿀해도 멍멍하네.

발음훈련은 매일 꾸준히 할 때 더욱 효과적이다. 발음훈련 시 다음과 같은 사항을 명심한다면 목소리의 전문성을 살리는 데 도움이 될 것이다.

① 자세를 바로 하라

말을 할 때는 항상 등을 곧게 펴고 가슴을 올리고 배에 힘을 주며 집어넣는 자세를 취할 것.

② 톡톡 튀는 밝은 목소리로 생동감 있게 이야기하라

항상 밝고 희망적인 생각을 하며 긍정적인 말을 하라. 내 말을 듣고 있는 상대가 유쾌한 기분이 들도록 환하게 리듬을 타며 말을 할 것.

③ 발음을 정확하게 하면서 목소리를 낮추어라.

매일 신문의 사설 부분을 큰 소리로 낮고 정확한 발음으로 음독하는 연습을 하라. 발음을 더욱 분명하게 하고 싶다면 입에 볼펜을 문 채로 소리를 내서 읽는 훈련을 하면 좋다.

④ 콧소리를 없애라

턱과 혀를 느슨하게 하고 목과 입을 열어 소리가 코로 새는 것을 막아야한다.

⑤ 날카로운 소리를 자제하라

자세를 바로 하고 한 호흡씩 늦춰서 여유를 갖고 말하라.

⑥ 음성을 잘 관리하라

흡연, 목기침, 피로 등으로 성대에 부담을 주는 것을 피한다. 목소리가 잘 안 나올 때는 길게 숨을 쉬거나 침묵하거나 레몬즙이 들은 따뜻한 차를 마신다. 또 매일 소금물로 가글을 하며 목을 깨끗하고 건강하게 관리한다.

4. 훌륭한 텔레마케터가 되기 위해 보이스 스킬

자신의 타고난 대화방법/습관에 상관없이, 고객과의 전화 통화에 필요한 목소리 조절 능력을 익혀야 한다. 목소리 조절 능력은 단순히 음성적인 능력만을 말하는 것은 아니다. 텔레마케터가 갖추어야 할 목소리 조절능력에 대하여 살펴보면 다음과 같다.

1) 메시지 전달 능력

"안녕하심까, 멀도아드릴까여? 머라구여? …멀라여. 네..아라써여. 감사함다." 등의 표현은 피해야 한다. "안녕하십니까? 무엇을 도와드릴까요? 다시 한 번 말씀해 주시겠습니까? …알아보겠습니다. 네..감사합니다." 등이 올바른 표현이다.

우리는 모두 제각기 타고난 말하는 스타일을 가지고 있으며, 어떤 경우는 말씨의 독특한 버릇으로 인해 사람의 마음을 끌기도 한다. 예를 들면, 개그맨들은 방송프로에서 강하고 독특한 말투흉내를 내며 사람의 이목을 집중시킨다.

하지만 스피치를 전문적으로 하는 직업이라면 보다 나은 목소리 조절능력을 익혀 정확한 발음/속도/억양으로 말하는 습관을 길러야 한다. 그 이유는 다음과 같은 여러 이점을 얻을 수 있기 때문이다.

► 상대방의 정확한 이해를 돕는다 : 대부분의 문제는 통화시 정보가 정확하게 전달되지 않았을 때 생긴다.

► 문제의 발생을 사전에 막는다 : 비록 고객이 전달된 메시지를 정확하게 이해 했다고 하더라도, 목소리의 느낌에 따라 상대방이 무례해 보이거나 무관심해 보일 수 있다. 명확한 발음으로 메시지를 전달함과 동시에 상대방의 말에 귀를 기울여 적절한 피드백을 제공함으로써, 적극적인 자세로 상대방의 문제를 해결해 주려는 태도를 보여줄 수 있다.

► 더 나은 이미지 제공 : 대부분의 사람들은 목소리의 느낌, 정확한 발음, 그리고 명확하고 설득력 있는 메시지의 전달능력 등으로 상대방을 평가하게 된다.

다음은 Speech 능력을 향상하기 위한 여러 방법들을 제시한다.

① 각 단어나 문장 사이에 일정한 간격을 두어 또박또박 발음한다.

문장의 각 단어 사이 일정한 유지/간격을 두도록 한다. "뭣을"과 "무엇을"의 차이는 단어사이 가격이다. 정확한 발음으로 또박또박 말하는 것을 습관화 한다.

TIP: 신문을 펴놓고 띄어 쓰고, 악센트를 표시하며 글을 읽는 연습을 통해 각각의 단어를 정확히 발음하는 훈련을 한다. 이 방법은 처음엔 다소 어색하지만, 가장 빠르게 향상할 수 있는 방법 중 하나이다.

② 단어의 어미와 어두의 발음을 정확히 한다.

단어의 처음부분과 끝부분의 발음을 흐리지 않도록 한다. 예를 들어 "대단히 죄송합니다"의 "대"합니다. "전화"의 "전" 발음, 그리고 "발음"의 "발" 발음을 정확히 하여 강세를 준다. 우리나라 말은 모음의 발음을 더 중요시 한다.

③ 줄임말, 은어 등은 피한다.

대부분의 사람, 특히 영어권에 있는 사람들은 각자 자신들만의 독특한 발음으로 단어를 표현한다. 예로 "Yes"는 말하는 상대방에 따라 Yep(옙), (예)하는 것처럼 우리말도 지나친 채팅문화습관으로 줄임말이 많아지고 있다. (글구, 죄송함돠, 삼실->사무실)이 같은 발음을 되도록 피하고, 표준어와 말씨를 습관화한다.

④ 적절한 호흡 조절

급하거나 흥분했을 때, 숨이 가빠지며 목소리가 잘 나오지 못한다. 호흡을 고르게 안정적으로 하여 보다 쉽게, 편안한 억양으로 말하는 습관을 기른다.
TIP: 녹음기로 자신의 목소리를 녹음하여 재확인한다. 각 단어의 발음을 어떻게 하는지, 단어사이의 적절한 휴지를 사용하는지, 그리고 명확한 모음발음/억양으로 말하는 지 등에 초점을 두어 평가한다.

2) 말의 완급(속도) 조절

보통사람들은 1분에 160내지는 180개정도의 낱말(단어)을 말할 수 있다. 만일, 말의 속도가 이보다 훨씬 빠를 경우, 사람들은 당신이 전달하고자 하는 메시지를 정확하게 이해하지 못할 것이다. 반대로 말의 속도가 너무 느릴 경우, 당신의 말을 "뱉기를" 기다리다가 지쳐 짜증을 낼 것이다. 적절하고 편안한 속도의 목소리를 유지함으로써 전달하고자 하는 메시지를 상대방에게 보다 명확하게 전달할 수 있다. 다음과 같은 방법을 통해 적절한 속도의 목소리를 유지한다.

① 시간을 잰다 : 신문의 기사나 그 외 다른 글을 크게 소리 내어 읽어본다. 그리고 그 글을 읽는데 걸린 시간을 측정해본다. 다음으로, 정해진 시간 안에 읽은 총단어의 수를 세어 말의 속도를 가늠하는 이 같은 방법을 꾸준히 하여 향상시킨다.

② 목소리를 녹음한다 : 자신의 목소리를 테이프에 녹음해, 말의 속도 뿐 아니라 전반적인 목소리 느낌이 어떠한지 평가할 수 있다.

③ 자신의 말 속도를 시험한다 : 형식적인 연습이나 훈련을 통하지 않고, 다른 사람들과의 일상대화에서 자신의 말 속도를 재어본다. 상대방의 말 속도에 맞추어 가장 적절한 자신만의 말 속도를 유지한다.

3) 목소리 억양 조절

① 말을 시작하기 전 반드시 휴지(Pause), 심호흡, 그리고 입가에 미소를 지어본다.

② "UncleBob" 테크닉 사용 - 누구하고 통화를 하던지, 혹은 상대의 짜증이 섞인 말투인지에 상관없이 상대방을 친근한 가족이라고 상상해 보는 것. 실제 친근한 관계에 있는 누군가와 통화한다고 생각하며 말을 하면, 잠재의식 속에 보다 친근하고 자연스러운 피드백이 나온다. 또한 상대방에 대한 긍정적인 이미지를 떠올림으로써, 목소리의 느낌이나 상대방을 대하는 태도가 눈에 띄게 달라질 수 있다.

③ 말의 끝처리를 부드럽게 올리거나 끌어당긴다.
말하는 사람의 감정이나 기분이 그대로 목소리 억양으로 나타나기 때문에, 목소리 억양은 전화에 있어 무엇보다 중요한 요소 중 하나이다. 상대방(고객)이 당신의 목소리 톤/억양을 어떻게 받아들이느냐에 따라 성공이 좌우되며, 의사전달시 효과성을 높일 수 있다. 전화상으로도 사람들을 직접 만나 생생한 대화를 하는 것과 마찬가지로 말을 한다면, 훨씬 부드럽고 자연스럽게 목소리 톤/억양을 조절할 수 있을 것이다.

4) 말 잡음 표현 – 음성 Virus(불필요한 언어)

누군가와 대화를 할 때, 우리는 잠시 대화를 멈추거나 생각을 정리하는 동안 은연중에 '어!' '아~'와 같은 불필요한 '여백 메우기 위한' 단어를 번번이 사용한다. 침묵이 대화를 무시하는 것보다 보이거나 혹은 다른 사람이 말을 도중에 막을지도 모른다는 사람들의 본질적인 공포심이 생기기 때문이다. 반복된 연습을 통해, 이러한 불필요한 언어의 사용을 어느 정도 줄일 수 있다. 불필요한 언어의 사용을 줄이기 위한 가장 좋은 테크닉 중 하나는 회사에서 실제 시행하고 있는 방법이다. 그들은 미팅 시, 종종 '아~'나 '어~'의 수를 세는 사람이 따로 있어, 누군가가 말을 할 때, 이와 같은 '여백 메우기 단어'를 사용하면 소란스러운 벨을 울리는 역할을 한다. 이 테크닉은 개인이 친구나 동료와 함께해도 무관하다. 이 방법은 놀랄 만큼 효과적이다. 시끄러운 벨이 울릴 때마다 느끼게 되는 일종의 공포심으로 인해, 불필요한 언어 사용수가 훨씬 줄어들며, 지속적인 향상 효과를 볼 수 있다.

5) 전문가를 통해 배우는 다양한 방법들

영화 "My Lady"에 나오는 영국계 여주인공이 사투리억양/발음을 고치기 위해 입에 구슬을 문 채, 말 연습을 한다. 이외에도 아나운서나 방송인들이 말하기 능력을 향상하기 위해 사용하는 여러 다양한 방법들이 있는데, 다음은 그 중 몇 가지를 제시한다.

① "무대용목소리(StageVoice)"를 개발한다. 배우들이 맡은 역할에 맞는 목소리를 연출하듯, 수많은 라디오나 TV방송인들이 목소리를 과장하거나 높이며 생중계한다. 이러한 경우, 그들은 마이크를 켜는 순간 혹은 헤드셋을 쓴 순간 "방송용" 목소리가 습관처럼 자연스럽게 나올 수 있도록 자신의 목소리 조절향상/개발에 무한한 노력과 시간을 투자한다. 이와 같이, 헤드셋을 쓰는 순간 또는 전화기를 드는 매순간마다 보다 명확한 발음으로 전문적인 목소리와 억양으로 말하는 연습을 꾸준히 해야 한다.

② 전문가(Master)로부터 배운다. 자신이 동경하는 Speaking Skill을 가진 사람의 목소리를 듣고, 그들이 가진 테크닉을 분석하여 자신의 목소리와 결합, 자신만의 독특한 스타일의 목소리를 개발한다. 연설가나 아나운서의 speaking 그리고 전문 speaker나 trainer가 녹음한 테이프를 듣고, 어떠한 요소나 skill이 그런 전문가들로 하여금 전문적이고 자신감 있는 목소리를 나오게 하는지 익힌다. 긍정적이고 적극적인 생각을 한다.

목소리는 실제로 사람의 감정 상태를 반영하며, 듣는 사람의 감정에도 영향을 끼친다. 업무 중 적극적이고 긍정적인 태도를 유지하고, 자신감을 기르는 방법을 익혀 자신의 일에 몰두할 때서야 비로소, 전화기를 드는 매순간 이러한 좋은 감정들이 저절로 목소리로 나오게 되는 것이다.

자신의 목소리 개선을 위해 어떠한 방법을 쓰든 관계없이, 전화기를 통해 들리는 자신의 목소리는 그 누구보다 독특한 개성을 가지고 있다. 어떻게 하면 전화 시 좀 더 나은 목소리를 낼 수 있을까를 꾸준히 연습을 통해 개선하고, 주위 여러 전문가들의 speaking을 자주 듣고 그들의 테크닉을 골라내어 자신의 목소리와 결합하여 자신만의 독특한 목소리를 개발해야 한다.

마지막으로 기억해야할 것은, 최고의 speaking 목소리가 단지 고객에 대한 좋은 서비스를 제공하기 위한 것이 아니라는 것이다. 사람들은 우리의 목소리나 말씨가 어떠한지, 그리고 어떻게 응하는지에 따라 개인을 평가한다. 정확한 발음, 적절한 속도유지와 억양과 훌륭한 speaking을 익힘으로써, 보다 전문적이고 지적인 그리고 강력한 설득력을 가진 사람으로 비추어질 수 있다.

제2절 경청 기술

사람의 귀는 외이(外耳), 중이(中耳), 내이(內耳)의 세 부분으로 이루어져 있다. 이렇게 귀가 세 부분으로 이루어졌듯이, 남의 말을 들을 때에도 귀가 세 개인 양 들어야 한다고 경청의 중요성을 강조하였다. 경청을 하려면 상대방이 '말하는 바'를 귀담아 듣고 '하지 않는 심중의 말은 무엇인지를 신중히 가려내며, 말하고자 하나 차마 말로 옮기지 못하는바'가 무엇인지도 귀로 가려내야 한다고 했다.

우리는 상대방의 말을 듣고 있어야 하는 순간에도 자신이 말할 준비를 하는 경우가 많다. 그러다 보면 자연히 상대방이 하는 말을 듣지 못하게 되고 나아가 상대방이 원하는 것이 무엇인지를 모르게 된다. 그렇다면 다음의 대화를 진행하기가 어렵게 된다. 따라서 세상은 남의 말을 잘들을 줄 아는 훌륭한 경청자를 갈망하고 있다.

한 연구보고에 따르면 85% 이상의 사람들이 경청능력에 있어서 평균 이하였고 5%에도 못 미치는 사람들만이 우수하거나 뛰어나다는 평가를 받았다고 한다. 대부분의 사람들은 남의 말을 잘 들으려 하지 않고 다음에 무슨 말을 할까에 더 신경을 쓰기 때문에 결과적으로 자신이 청취한 전체내용의 25%만을 경청하게 되고 나머지 75%는 그냥 흘려 들어버리게 된다고 한다.

1. 경청의 요령

내가 고객에게 말하는 시간보다는 고객의 말을 듣는 시간을 더 가져야 한다.

① 고객과의 대화 중 말하기보다 듣기에 더 많은 시간을 할애하라.

② 당신을 고객의 입장에 놓고 생각하라. 고객의 관점에서의 문제점, 니즈 등을 파악하라.

③ 집중해라. 들을 때 딴 짓을 하지 말라, 늘 대화의 주제를 파악하며 경청하라.

④ 이해와 동감을 표현해라. 고객의 감정을 느끼며, 고객에게 계속적으로 반응을 보여라.

⑤ 고객의 말씀도중 절대로 끼어들거나 말을 끊지 마라.

⑥ 이해할 수 없을 때는 질문을 해라. 그냥 넘어갈 경우 당신은 매우 중요한 요소를 놓칠 수 있다. 질문을 함으로써 고객에게 단신이 잘 듣고 있으며 관심을 갖고 있다는 것을 보여줄 수 있다.

⑦ 메모를 하라. 고객에게 도움이 될 만한 중요한 사항을 적어라. 고객이 반복해서 말하지 않도록 주의하고, 당신이 고객의 말을 잘 듣고 있었다는 것을 알 수 있도록 하라.

⑧ 말로 표현하지 않은 것을 들어라. 특히, 고객이 부정적인 반응을 보이고 있다면 고객은 반론에 대한 진짜 이유를 나타내려 하지 않을 것이다. 무엇이 진정한 문제인지 탐색하고 찾아내야 한다. 고객의 음성의 변화를 잘 듣는 것만으로도 고객의 태도, 감정 등을 살필 수 있을 것이다.

⑨ 철저히 준비하라. 고객으로부터 질문을 받았을 때, 당신 회사의 제품과 서비스 경쟁사에 대하여 알고 있는 것이 효과적이고 자신감 있게 반론과 질문을 처리할 수 있게 한다.

⑩ 끊임없이 연습하라. 가족, 친구, 동료와 대화를 하면서 TV를 보면서 경청하는 훈련을 하라. 예리하게 듣고 판단하는 능력을 키울 수 있다.

2. 경청의 방법

훌륭한 경청자는 그리 흔치 않다. 대부분의 사람들이 듣기는 수동적 행위이며 편안히 앉아서 단지 듣는 일에 지나지 않는다고 믿는다. 그러나 경청은 능동적인 정신 작업이다.

훌륭한 경청은 고객으로 하여금 마음을 열고 좋은 아이디어를 나누게 한다. 듣기보다 말하기에 더 치중하면 고객의 등을 떠밀고 있는 것이다.

말을 들을 때는 상대방을 바라보면서 상대방의 이야기에 적절한 맞장구를 치면서 요점을 정확히 파악하고, 의견이 있을 때는 상대방의 이야기가 끝난 후에 하며, 간간이 맞장구와 감탄사 등 적절한 관심을 표시하면서 적극적으로 듣는다.

1) 경청 능력을 높이는 맞장구

표현방법	화 법
치켜 올리듯 가볍게	"그렇습니까?" "잘됐습니다."
동의하는	"과연!" "정말 그렇겠군요" "알겠습니다"
정리하는	"그 말씀은, …과 …을 말씀하시는 것이지요?" "말하자면 이런 것입니까?"
재촉하는	"그래서 어떻게 됐습니까?"

2) 경청 능력 향상 방법

- 철저한 업무준비를 한다.
- 산만한 주위를 정리한다.
- 단어 하나하나에 집중한다.
- 맞장구 등으로 듣고 있다는 것을 표현한다.
- 고객을 머릿속에 그리며 고객의 입장에서 같이 생각한다.
- 질문을 활용한다.
- 스스로 말하는 것을 제한한다.
- 선입관에 구애되지 말고 허심탄회하게 듣는다.
- 말투 변화에 주의하여 말 속에 깔린 느낌과 감정까지 포착한다.
- 대화의 다음단계로 성급히 넘어가지 않는다.
- 끝까지 제대로 듣기 위해서는 상대의 말이 끝나고 1~2초 멈추는 것을 습관화 한다.

3) 경청 후 복창 사용

"내 이름은 최불암이예요." ⇒ "예, 최불암님 맞습니다."
"공모주 청약하려고 해요." ⇒ "네, 공모주 청약 말씀이십니까?"
"처리 끝났어요?" ⇒ "네, 말씀하신 …는 다 처리 되었습니다."

Tip) 신동엽의 말 잘하기 비법

신동엽은 "사실 토크쇼 게스트로 출연을 해서, 시청자에게 재미를 선사해주기 위해서는 다른 게스트들이 얘기하는 것을 주위 깊게 듣는 것이 가장 중요하다."며 "혼자 머릿속에서 자기가 준비한 얘기 어떻게 하면 재미있게 할까, 이 생각을 주로 하게 된다. 레퍼토리는 한정돼 있는 거고, 시청자들에게 재미있는 상황 전달하고, 그 순간에 적응해서 재미있게 얘기하기 위해서는 그 상황을 직시하고, 다른 사람의 말을 경청하는 게 중요하다고 생각한다."고 설명했다.

3. 경청의 종류

1) 소극적 경청(침묵)

아무런 말도 하지 않은 것은 수용한다는 것을 말해 준다. 소극적 경청은 상대방으로 하여금 더 많은 이야기를 털어놓도록 격려해 주는 효과적인 비언어적인 메시지이다. 화자가 말을 많이 하면 상대방은 자신의 문제를 이야기할 수 없다. 내가 침묵하면서 상대방의 이야기를 수용하면서 경청하면 공감과 온정을 전달할 수가 있다.

2) 승인 반응

화자는 상대방이 이야기하는 동안에 깊은 관심을 기울이고 있다는 메시지를 전달해 주어야 한다. 고개를 끄덕이는 것, 몸을 약간 상대방 쪽으로 기울이는 것, 미소를 짓는 것, 얼굴에 표정을 나타내는 것, 그 외의 몸짓을 적절히 사용하면 상대방으로 하여금 내가 정말 듣고 있다는 사실을 느끼게 해준다. "아 그랬

군요." "오, 그랬어요?" 등과 같은 짧은 언어적인 메시지를 보내 줌으로써 상대방의 이야기를 더 끌어낼 수 있다. 그러나 승인 반응은 상대방의 의사소통을 촉진해 주기는 하나 매우 미약하며 어느 정도 수용된다는 것을 전해 주기는 하나 정확한 증거를 제시해 주지 못한다.

3) 말문을 열게 하는 반응

이것들은 상대방에게 화자가 시간을 할애하여 듣기를 원한다는 것을 알려주는데 효과적이다. 상대방이 이야기를 꺼내도록 하기 위하여, "그것에 대하여 좀 더 이야기해 줄래요?" "그것 참 재미있네요. 계속해 보세요.", "그 결과 어떻게 되었는지 궁금하네요." "그것에 대해 좀 더 자세히 말하고 싶지 않나요?"와 같은 것들이다. 이런 메시지들의 특징은 "예, 아니오"로 대답하는 대신 끝이 열린 질문 및 진술로서 자신의 생각을 이야기할 수 있도록 해주는 것이다. 또 상대방이 말한 내용에 대하여 어떠한 평가(옳다, 그르다, 좋다, 나쁘다 등)도 하지 않는다는 점이다.

4) 적극적 경청(반영적 경청)

침묵, 승인 반응, 말문을 여는 반응 등에는 한계가 있다. 즉 많은 상호작용이 일어나지 않는다. 효과적인 경청은 훨씬 더 많은 상호작용을 일으킬 수 있어야 하고 화자는 단순히 듣기만 하는 것이 아니라 상대방의 속마음을 정확히 이해하고 그 증거를 제시할 수 있어야 한다.

상대방을 경청하는 가장 효율적인 기술은 메시지를 표현하지 않고 다만 상대방이 말한 메시지를 그대로 반영해 주거나 다시 상대방의 반응을 반복해서 확인하는 종류의 언어적인 반응이라고 할 수 있다. 이것을 반영적 경청이라고도 한다.

5) 듣기 수준에 따른 경청의 종류

① 무시 : 들으려고 노력하지 않는다.

② 듣는 척 : 듣는 시늉만 보이려고 한다.

③ 선택적 듣기 : 흥미 있는 부분에만 귀를 기울인다.

④ 적극적 경청 : 상대방이 무엇을 말하는 지에만 관심을 기울이거나 집중하며, 자신의 경험과 비교한다.

⑤ 공감적 경청: 상대방의 말, 의도, 감정을 이해하기 위해 가슴과 마음으로 듣고 대답한다.

제3절 효과적인 커뮤니케이션 및 상담기법

1. 효과적인 커뮤니케이션

1) 질문하기

능숙한 커뮤니케이션을 하기 위해서는 말하기에 앞서 '잘 듣는 것', '깊이 있는 이해'가 되어야 한다. 커뮤니케이션의 장애를 극복하지 못할 경우 인간관계가 단절되는 극단적인 결과를 초래하기도 한다. 따라서 상대방의 생각, 감정을 이해하지 못했을 경우에는 질문을 통해 파악하는 것이 중요하다. 효과적인 커뮤니케이션을 위한 질문 활용법은 다음과 같다.

(1) 서술형(개방형) 질문

- 상대방이 자신의 생각과 감정에 대해서 서술형으로 대답할 수 있는 질문법
- 소비자의 욕구를 파악할 수 있음
- 고객에 대한 많은 정보, 배경자료 등을 발견할 수 있음

[보기] • 영희야, 이번 여름휴가는 어떻게 보냈니? • 고객님께서 직접 오셔야 한다고 했을 때 기분이 어떠셨습니까?

(2) 단답형(패쇄형) 질문

- "예", "아니오" 또는 짧게 대답할 수 있는 질문법
- 동의확인이 빠름
- 주문 체결 시 필요
- 정보를 명확화 할 수 있음

[보기]
• 영희야, 이번 여름휴가는 다녀왔니?
• 고객님. 그럼 OO으로 주문해드릴까요?

2) 메모하기

말의 내용을 종류에 따라 정리하면 이해하고 기억하는 데 도움이 된다. 다음 사례는 메모가 얼마나 중요한지를 나타내고 있다.

지하철 한대가 출발했습니다. 처음에 열차 안에는 손님이 한명도 없었다.
첫 역에서 5명이 탔다.
다음 역에서 1명이 타고 2명이 내렸다.
다음 역에서 2명이 내리고 3명이 탔다.
다음 역에서 3명이 타고 1명이 내렸다.
다음 역에서 5명이 타고 한명이 내렸다.
다음 역에서 아무도 안타고 3명이 내렸다.
다음 역에서 2명이 내리고 10명이 탔다.
다음 역에서 2명이 타고 7명이 내렸다.
마지막으로 아무도 안 내리고 4명이 탔다.

그럼 문제는 지금까지 거쳐 온 정거장의 수는 몇 개인가?
<정답: 9정거장>

커뮤니케이션을 함에 있어서 가장 큰 실수는 내가 이해하고 있다고 생각하는 것을 상대방도 또한 동일하게 이해하고 있다고 여기는 것이다. 모두들 열차에 탄 사람의 수를 물을 것이라 생각했겠지만 의외의 질문이 나올 수 있는 것이다.

고객과의 대화에서도 이런 일들은 충분히 일어 날 수 있다. 그렇기 때문에 메모와 반복, 확인의 습관을 꼭 가져야 합니다. 비즈니스 전화의 포인트는 용건을 간결하고 정확하게 상대방에게 전하는 것이라 할 수 있다.

그러므로 전화를 받기 전이나 걸기 전에는 항상 오른손에 메모지가 준비되어 있어야 한다.

3) 언어표현

텔레마케터가 기본적으로 익혀야할 테크닉 중 하나가 바로 언어표현법이다. 같은 말이라도 전달자의 언어 표현에 따라 듣는 이의 이해도와 느낌이 달라질 수 있기 때문이다. 텔레마케팅은 다양한 채널을 이용하여 상대방의 얼굴을 보지 않고 많은 정보와 감정을 전달해야 하는 특성을 가지고 있다. 따라서 언어표현을 할 때는 말하는 사람의 품위와 상대에 대한 배려가 담겨져야 한다. 고객상담에 적절한 표현법을 살펴보면 다음과 같다.

(1) 고객위주의 단어

- 고객이 받을 수 있는 이점을 위주로 한 단어
  - 꼭 맞는, 유일한, 귀중한, 유익한, 실속 있는, 할인된, 절약된
- 고객의 욕구와 문제, 흥미에 관심을 보여줄 수 있는 단어
  - 확실한, 근거 있는, 성공적인, 선풍적인, 흥미로운, 추천된, 굉장한
- 고객에게 확신을 줄 수 있는 긍정적인 단어
  - 믿을 수 있는, 공인된, 선택된, 안전한, 완벽한, 우수한, 유리한
- 전문용어보다 이해하기 쉽고 단순한 통상적인 사용단어
  - 주지하고 있는 (X) → 두루 알고 있는 (O)
- 칭찬, 감사, 기쁨을 표현할 수 있는 단어
  - 대단한, 탁월한, 멋진

(2) 효과적인 표현법

- 요죠체의 문장과 다까체의 적절한 문장배합 (4 : 6 또는 3 : 7)
  - 과다한 요죠체 : 친근함을 주는 반면 가벼운 느낌

- 과다한 까다체 : 정중한 느낌을 주는 반면 사무적인 느낌

• 명령형의 표현은 의뢰형 표현으로
  - ~십시오 → ~습니까
• 부정적인 표현은 긍정적인 표현으로
  - 전화상으로 안 됩니다 → ~으로 가능합니다
• 도와주려는 표현으로
  - 잘 모르겠는데요 → 가능한지 알아보겠습니다
• 평상시 언어표현을 비즈니스 언어표현으로
  - 왜 전화하셨어요 → 무엇을 도와드릴까요

(3) 신뢰를 주는 표현 vs 신뢰를 주지 않는 표현

신뢰를 주는 표현	- 표준 언어 - 다소 고급스러운 표현 - 통화상대에 따라 일반용어, 전문용어 구분해서 사용
신뢰를 주지 않는 표현	- 비속어 - 지나치게 사무적인 표현 - 고객을 비하하는 표현 - 지나친 친근함의 표현 - 고객의 문제나 단점을 꼬집는 표현 - 다그치는 표현

☞ 아래의 예시된 부분을 호감화법으로 바꿔보도록 한다.

피해야 할 표현	호감 화법
뭐 해드려야 되죠?	
그 주소로 보내세요	
1567이라구요?	
고객님 말씀 좀 크게 해주실래요?	
아까 말씀드렸잖아요	
고객님께서 잘못 하신거에요	
집 주소가요?	
잠깐 제 말좀 들어보세요	
저희 사무실은 OO빌딩 1층에 있으십니다	
오늘은 불가능해요	

2. 소비자행동분석

소비자를 알기 위해 그들이 심리나 소속집단, 의사결정 요인 등을 조사하는 것을 말한다. 이는 마케팅 활동의 요소인 제품, 가격, 유통, 촉진 등을 효과적으로 집행하는 데 기본적인 단서가 된다.

1) 문화적 요인

문화적 요인은 소비자 행동에 가장 폭넓고 깊게 영향을 미친다. 소비자가 속해 있는 사회계층이나 문화는 소비자의 생활 모든 측면에 가장 중요한 영향을 준다. 유유상종이라는 말이 있다. 과연 이 말이 소비자 행동에도 영향을 미칠까? 문화적으로 비슷한 부류에 속하는 사람들은 그렇지 않는 사람들과 구분되는 행동을 한다. 일본인은 자스민 향을 좋아하고, 미국인은 레몬 향을 좋아하듯이 나라는 물론이고, 보다 좁은 한 사회 안에서도 사회 계층에 따라 각기 다른 특징을 나타낸다.

신동아나 월간조선 등의 월간지와 IQ Jump 등의 만화월간지는 분명 그 독자층을 달리한다. 양 잡지의 독자층은 분명 구분되는 특성을 가지지만 동일한 잡지를 구독하는 사람들인 비슷한 특징을 가지고 있다. 만약 제품의 생산자가 자신이 생산한 제품을 사용하는 소비자들이 어떤 계층에 속하는지 알고 있고 그 계층의 특성을 파악하고 있다면 소비자에 대한 접근을 훨씬 효율적으로 할 수 있을 것이다.

신동아에는 골프웨어, 양주, 수입 자동차, 발모제 등의 광고가 실리고, 이는 월간지를 보는 계층이 중장년층이며 이들이 이러한 상품의 주요 소비자라는 전제를 포함한다. 반대로 컴퓨터 관련 잡지는 대부분의 광고가 컴퓨터 관련 소프트웨어나 하드웨어로 채워지며, 자동차 관련 잡지는 자동차 용품에 관한 광고가 대부분이다.

이처럼 비슷한 사회계층이나 집단이 어떤 특징을 가지고 어떤 행동을 하는지 알고 있는 것은 소비자에게 정확하게 접근하고 필요한 정보를 전달하는데 중요한 관건이 된다.

2) 사회적 요인

상품 구매의 의사결정 등 소비자의 행동은 구매상품의 가격이나 특성에 따라 구매집단에서의 영향력이라는 사회적 특성에 많은 영향을 받는다.

종이기저귀의 소비자는 유아이지만 구매자는 대부분이 아이의 부모이다. 종이기저귀는 구매자와 사용자가 다른 제품이다. 많은 상품들은 특별히 구매자와 사용자가 구분되지 않는 상품이지만 기저귀 예와 같이 구매자와 사용자가 분명하게 구분되는 상품이 있고, 또 실제 구매자와 사용자가 특별히 구분되지 않는다 하더라도 구매의사결정에 많은 영향을 미치는 사람은 구분되기 마련이다. 따라서 제품의 판촉 활동을 할 때 누구를 대상으로 판촉 활동을 해야 하며 또 광고의 시간대나 판촉의 장소가 어디가 되어야 할지 계획이 준비되어야 한다.

50년대 아버지가 시장에서 가족들이 쓸 물품을 구매해 오시던, 즉 구매 의사결정자가 가장이었던 시대와는 달리 현대의 가족은 중요한 물품일 경우 부부가 의논하여 공동구매를 하는 경우가 잦아지고 자녀의 의견 또한 많이 반영되고 있다.

이와는 다른 구매형태도 있다. 97년 이스트팩이라는 가방은 우리나라를 휩쓸 정도로 판매에 큰 성공을 거두었다. 이 가방과 관련된 기사는 이미 방송이나 신문지상에 많이 언급되었다. '왜 그 가방을 매고 다니느냐'는 질문에 대한 대답은 중 고등학생 즉, 나이가 어릴수록 '친구들이 다 메고 다니니까'라는 답이 주종을 이루었다. 또래로 이루어진 준거 집단이 구매의 결정적 요인이 되었던 것이다.

이러한 상황에서 어느 제품이 좋고 나쁘다는, 특정 제품에 대한 정보와 장·단점을 주위로 퍼뜨리고 다른 사람에게 영향을 주는 사람을 [9]의견선도자(Opinion Leader)라고 한다. 이들은 심리학이나 사회학에서 말하는 준거집단의 전체 행동에 아주 중요한 역할을 하기에 이들을 상대로 먼저 DM(Direct Mail)이나 기타 직접적인 접촉 등으로 판촉을 할 필요가 있는 것이다. 대학 축제 때 음료나 주류의 신제품 광고를 대학 캠퍼스에서 하고자 하는 기업도 이러한 측면을 고려

---

9) 의견선도자(Opinion Leader) : 흔히 준거집단의 내부에는 규제적 및 정보 역할을 수행함에 있어서 특별히 지도적인 역할을 수행하고 있는 사람이 있는데 이들을 '의견선도자' 또는 '여론주도층'이라고 부른다. 이들은 특정 주제에 관하여 전문성과 지식을 보유하고 있어 커뮤니케이션에 있어서 다른 사람들에게 큰 영향을 미친다.

한 것이다.

3) 개인적 요인

HOT에 열광하는 10대의 함성. 10년 후에는? 나이는 곧 변화를 의미한다. 사람은 누구나 나이를 먹음에 따라 신체적, 경제적 조건이 변화하고, 그 역할이나 준거 집단이 변화함에 따라 취향도 달라진다.

개인의 전반적 프로파일을 나타내는 것이 라이프스타일인데, 이는 개인적 성향을 보다 집약적으로 나타내 준다. 개인의 활동, 관심, 의견을 바탕으로 나눠지는 라이프스타일은 보통 20대 남성들을 성공 지향적이라거나 패션 추구형, 레저 영위형 등으로 나누고 각각 이들 유형이 전체에서 차지하는 비율을 보여주는 식으로 기업이 소구할 대상을 선별하는데 도움을 준다.

4) 심리적 요인

왜 소비자는 그 제품을 구매하는가? 예전부터 프로이트나 매슬로우 같은 심리학자들이 연구한 인간행동의 동기에 관한 이론들은 현대의 마케팅 담당자에게도 도움을 주고 있다. 동기 이론 외에도 인지나 지각에 대한 여러 연구들 즉, 개인의 인지능력의 차이나 집중도의 차이, 지각된 현실의 중요성 등은 크게는 마케팅전략의 수립에서부터 작게는 선반 진열방법의 이르기까지 여러 각도로 적용된다.

현대인은 보통 하루에 1,500가지 이상의 제품에 노출되어 있으므로 한 제품이 경쟁을 뚫고 소비자의 뇌리에 기억되는 일은 매우 어렵다. 따라서 기업은 상표, 모양, 포장, 색상, 광고, 진열법 등에서 최대한 소비자의 눈에 뜨이고자 아이디어를 짜내는 것이다.

5) 구매기준의 변경

침대 구입 시 우리가 고려하는 특성을 생각해 보자. 침대는 편안하고 디자인이 아름다워야 한다. 적어도 스프링논쟁이 있기 전까지는 그러했다.
누가 보이지도 않는 녹슨 스프링을 구매 결정의 요소로 삼았겠는가?

물건을 구매할 때 의사결정과정에서 구매에 대하여 생각하고 비교하는 관여도는 제품의 가격이나 특성, 구매자의 개인적 성향에 따라 조금씩 다르다. 자주 구매하거나 금액이 적은 물품은 습관적으로 별다른 고려 없이 구매하게 되지만 구매의 빈도가 낮고 가격 또한 높은 내구재는 구매에 대한 관여도가 높을 수밖에 없다. 이처럼 관여도가 높은 품목이나 그렇지 않은 품목이나 모두 구매할 때는 중요하게 생각하는 요소가 있다. 가격이나 품질 등이 그렇다.

97년 침대시장에서 새로운 구매결정 기준을 만들면서 자사제품을 판촉하려 했던 침대 스프링 논쟁은 이러한 구매의사결정의 기준을 바꾸어 놓은 좋은 예이다. 이전에는 침대를 구매함에 있어 크기나 디자인, 쿠션과 가격정도가 침대를 구입하는 의사 결정의 기준이었다. 하지만 97년 특정 업체가 돌연 '녹슨 스프링' 이라는 새로운 기준을 제시했다. 사실 이전까지는 눈에 보이지 않는 스프링을 구매할 때 의사결정의 기준으로 삼는 사람을 별로 없었겠지만 이 광고 이후 많은 사람들이 침대의 결정기준을 변화시켰다.

이처럼 기업은 자신의 회사가 강점을 갖고 있는 부분을 강조함으로써 의사결정의 기준가지도 바꿀 수 있는 것이다. 좀 오래된 이야기지만, 하이트 맥주의 '물' 논쟁도 동일한 관점에서 볼 수 있다. 대 히트작이 됐음은 물론이며, 깨끗한 물로 대표되는 상품의 이미지는 현재까지도 이어지고 있고, 결국 회사 이름가지 바꾸어 놓았다.

6) 제품구매후의 행동

제품의 구매와 관련된 과정은 구매 전 행동, 구매결정, 구매 후 행동으로 나눌 수 있다. 상품을 구매하기 전에 소비자는 정보를 수집하고 대안을 비교한다. 일단 살 것인가를 결정하고 나면 구입장소와 결제방법 등을 결정한다. 판촉이나 가격 결정 등의 많은 과정은 이처럼 구매결정 이전에, 구매결정 당시에 영향을 미치기 위한 활동들이다.

구매후의 행동으로는 가장 흔히 볼 수 있는 A/S 및 구전효과, 소비자 제안 등을 들 수 있다.

구전효과는 실제제품을 사용한 사용자가 주변 사람에게 퍼뜨리는 제품에 관한 이야기로 광고나 기타 판촉보다 훨씬 신뢰성 있게 전달된다. 제품의 품질이나 기타 여러 조건들이 갖추어졌을 때는 좋은 구전효과를 기대할 수 있지만 만일 그렇지 않다면 반대의 상황도 각오해야 한다. 소비자 개선 제안은 피드백의 개념으로 기업이 많은 비용과 노력을 투자하는 시장 조사보다 확실한 방법이며, 실제 제품을 사용한 사람들이 제안이기에 제품이나 서비스 개선에 많은 도움을 준다. 특히 A/S는 시장 개방 시대에 국내 기업이 외국 기업에 비해 확실히 우위를 점할 수 있는 항목이며, 이는 구전 효과의 바탕이 됨과 동시에 제품을 어느 정도 보완하는 기능까지 갖는다.

3. 고객 서비스 향상을 위한 심리 활용법(발췌: CP Wire)

확실한 증거와 믿을만한 데이터를 근거로 결정을 내린다고 하더라도, 고객들은 선택해야 할 시점에서 그것도 가장 중요한 시점에서 매번 자신의 감정이 논리를 지배하고 있음을 경험한다. 선택의 순간에 감정이 지닌 엄청난 힘을 이해하는 것이야말로 바로 성공적인 고객서비스의 비결이다. 그렇다면, 컨택 센터서비스를 향상 시키고 고객의 로열티를 높이기 위하여 다음 사항들을 고려해보자.

① 마지막 인상이 전체 서비스에 대한 이상을 좌우하며, 결과적으로 새로운 선택에 영향을 미친다.

우리는 첫인상이 서비스에 대한 전체적인 인상을 좌우할 것으로 생각하지만 고객들은 처음보다는 마지막에 받은 인상을 오래도록 기억한다. 전체서비스 중에서 마지막 순간이 성공적이라면, 상담원들은 고객과의 관계를 더욱 강화시키고 고객로열티를 높일 수 있는 긍정적인 인상을 심어줄 수 있다.

② 고객들의 클레임을 즉시 해결하라.

고객들은 자신들이 언제든지 상담원들의 도움을 받을 수 있으며, 제공받기로 약속된 서비스에 대해서는 모두 지켜지리라 기대한다. 신뢰에 대한 인식은 개인적 경험과 외부적 증거에 의존하며, 개인적 경험은 일반적으로 이미 본인에게 발생한 사건이므로 훨씬 더 영향력을 발휘하는 반면 외부적 증거는 단순히 잠재적 가능성을 제시해 줄 뿐이다. 예를 들어 상담원들과의 부정적인 경험을 간직한 고객들은 다음번에도 그 컨택센터에 회의적이 될 수밖에 없다. 이에 대해 현명한 상담원들은 이전경험으로부터 발생한 고객들의 부정적인 인상을 극복하기 위하여 노력할 뿐만 아니라, 과거와는 달라진 긍정적인 인상을 심어주기위해 최선을 다할 것이다. 이는 상호간의 신뢰와 신용이 바탕이 되어야만 가능하다.

③ 부정적인 상황들을 되도록 빨리 극복하라.

상담원들은 한 고객과 발생한 문제가 해결되기 전에 다른 고객과의 커뮤니케이션을 시도할 경우 그 여파가 다른 고객들에게도 미치는 경우를 종종 경험한다. 상담원들이 고객과의 상호작용에서 발생하는 문제들을 그 자리에서 즉시 해결할 수 있다면, 고객들의 불편함은 한결 줄어들 것이다. 고객과의 성공적인 커뮤니케이션의 일부로서 어쩔 수 없이 불쾌한 상황에 직면해야 한다면, 가능한 한 빨리 그 경험을 잊어버려야 한다. 상담원들은 달갑지 않은 상황이 앞으로 다가올 성공적인 결과의 긍정적 측면들과 비교하여 중요치 않으며, 진행과정에서 발생하는 이러한 불편함은 극복해야만함을 인식해야 한다.

④ 선택의 시점에서 고객의 의사를 존중하라.

선택의 결정을 내릴 시점에서 고객의 의사를 존중하는 것은 세일즈를 배가시킨다. 현명한 관리자들은 직원들에게 권한을 이양할 줄 알며 이는 효율성의 결과로 나타나 직원들의 사기를 향상시킨다. 비슷한 예로 상담원들에게 선택할 수 있는 기회를 열어줄 경우 고객들은 보다 더 흡족해하며 로열티를 갖게 된다. 하지만, 선택의 기회를 제공하는 것은 생각보다 복잡한 문제이다. 먼저, 상담원들은 고객들에게 어떤 선택의 기회를 제공할 것인지 결정하기 위하여 고객의 니즈에 귀 기울여야만 한다. 여기서 중요한 것은 고객들에게 선택의 기회를 인식하도록 하는 것이며, 이는 실질적으로는 선택의 기회가 존재하지 않는다 하더라도 심리적으로는 그들을 충분히 만족시킬 수 있을 것이다.

⑤ 자연스러운 행동패턴으로 만족스러운 서비스를 제공하라.

고객들은 예기치 않게 발생한 일에 불안해하며 익숙한 행동에 편안함을 느낀다. 고객과의 상호작용이 성공적인 결과로 끝나려면, 이러한 익숙한 행동이 고객들의 기억 속에 오래 남을 수 있는 긍정적인 경험이어야 한다. 이러한 친숙한 행동패턴을 만드는 가장 일반적인 방법 중 하나는 변함없는 한결같은 서비스 제공으로 고객의 니즈를 만족시키는 것이다. 고객들은 자체적인 통합서비스를 제공받길 원하며, 상담원들이 그들을 위해 이 모든 것을 코디네이션 해 주길 기대할 뿐이다. 의사결정과정에서 심리적인 역할을 충분히 이해하는 상담원들은 고객들의 심리적인 니즈에 효과적으로 대응함으로써 서비스의 질을 향상시킬 수 있다. 위의 다섯 가지 사항들을 명심함으로써 상담원들은 고객들과의 긍정적인 순간들로부터 그들의 로열티를 높일 수 있으며 궁극적으로 컨택센터 비즈니스 성장에 기여할 수 있을 것이다.

4. 고객의 행동유형별 응대기법 분류

1) 인간행동의 세 가지 특성

① 영향성 : 타인의 사상이나 행동에 영향을 끼치고자 하는 노력
② 반응성 : 타인이나 사건에 느낌을 나타내는 반응경향
③ 우호성 : 타인의 이상, 관계형성에 가치를 부여하려는 경향

2) 행동별 특성에 따른 효과적인 응대

가. 추진형

- 결단력이 있고 요구적이며 완고하고 엄격하며 능률적이다.
- 남의 얘기를 경청하는 것이 소홀하다.
- 자신의 행동과 결정에 도움을 주는 사람에게 호감을 갖는다.
- 응대 요령 : 요점만을 제시하고 결정은 스스로 내리게 한다.

나. 표현형

- 충동적이며 열성적이고 비규율적이며 사교적이다.
- 수다스럽고, 세밀하게 숙고해야할 내용에는 싫증을 낸다.
- 자기주장을 받아들여지게 하기 위해 감정에 호소하는 수도 있다.
- 자신의 직관에 도움을 주는 사람에게 호의적이다.
- 응대 요령 : 관심을 갖는 시간이 짧기 때문에 흥미를 잃지 않도록 유의함

다. 온화형

- 수동적이고 우유부단하며 내향적이고 우호적이다.
- 남의 얘기를 주로 듣고 질문을 받아야 의견을 말한다.
- 경쟁보다 양보를 택하고 단결력이 강해 집단에서 분쟁을 완화시키는 역할을 한다.
- 호의적인 사람에게 긍정적이다.
- 응대 요령 : 반박을 하지 않도록 주의하고 편안하고 친근감 있게 대한다.

라. 분석형

- 신중하고 비판적이며 고집이 세다.
- 경청하는 형이며, 사려가 깊고, 상황을 철저히 분석하여 한다.
- 발언이 너무 길고 자세한 경우가 있다.
- 정확성을 중요시하므로 충실한 자료와 증거를 제시하는 사람에게 호의적이다.
- 응대 요령 : 자료를 제시하고 애매한 일반화는 피한다.

3) 고객의 목소리 유형별 분류(음양오행설에 의함)

가. 木성음 : 부드럽게 시작해서 분명하게 끝맺음

- 차분한 성격이고 후회함이 적은 편이다.
- 솔직한 것을 좋아한다.
- 활동적이어서 동적인 취미생활을 즐긴다.
- 시작하면 악착같이 밀고 나간다.
- 싸우기 싫어하지만 싸우면 꼭 이기려 한다.
- 초록색, 청색, 하늘색을 좋아한다.
- 응대 요령 : 차분히 요점을 간략하게 설명해야 한다.

나. 火성음 : 쉰 목소리

- 욕심이 많고 자유분방하다.
- 매우 성급해 순간에 결정하며 화끈한 것을 좋아한다.
- 스트레스 해소가 늦다.
- 응대 요령 : 상대의 말을 중단시키지 말고 대화도중 묻는 것부터 말한다.

다. 土성음 : 울리는 목소리

- 신의 있고 화합적이다.
- 남의 이야기를 잘 들어준다.
- 성격이 느긋해 천천히 결정한다.
- 정적인 취미생활을 즐긴다.
- 응대 요령 : 확실한 반응을 얻으면서 말하고 결정단계는 박력 있게 밀고 나간다.

라. 金성음 : 맑고 깨끗한 목소리

- 시간관념이 철두철미하고 신사도를 잘 지킨다.
- 깨끗한 선, 율동, 색깔을 좋아한다.
- 처음 결정이 어렵지만 한번 결정하면 번복하지 않는다.
- 응대 요령 : 예절바른 첫인상이 중요하고 재질문은 금물이다. 많은 이점 강조가 필요하고 샘플이나 선물을 좋아한다.

마. 水성음 : 우는 목소리

- 이해심이 많으며 다정다감하고 애교 있다.
- 내성적이며 질투심이 많다.
- 끈기 있고 봉사적이다.
- 응대 요령 : 비교설명을 좋아하므로 많은 사례를 제시한다. 말의 템포가 빠르면 싫증을 느끼므로 천천히 설명한다.

5. 고객 유형별 응대법

1) 전문가형 고객

► 특징 : 유창하게 말하려는 사람은 자신을 과시하는 타입의 고객으로 자신은 모든 것을 다 알고 있는 전문가 인양 행동할 수 있다. 자신이 가지고 있는 확신에 대한 고집을 꺾지 않으려 하고 좀처럼 설득되지 않으며 권위적인 느낌을 상대에게 주어 상대의 판단에 영향을 미치려고 한다. 언어 예절을 깍듯이 지키며 겸손

한 듯이 행동하지만 내면에 강한 우월감을 갖고 있으므로 거만한 인상을 준다.

► 응대요령 :

- 우선 고객의 말을 잘 들으면서 상대의 능력에 대한 칭찬과 감탄의 말로 응수하여 상대를 인정하고 높여주면서 친밀감을 조성한다.
- 정면 도전을 피하고 고객 자신이 주장하는 내용의 문제점을 스스로 느낄 수 있도록 대안이나 개선에 대한 방안을 유도해 내도록 한다.
- 대화중에 반론을 하거나 자존심을 건드리는 행위를 하지 않도록 주의하며 자신의 전문성을 강조하지 말고 문제 해결에 초점을 맞추어 고객의 무리한 요구사항에 대체할 수 있는 사실을 언급한다.

2) 우유부단한 고객

► 특징 : 즐겁고 협조적인 성격이나 다른 사람이 자신을 위해 의사결정을 내려주기를 기다리는 경향이 있어서 주변만 빙빙 돌며 변죽만 올리며 요점을 딱 부러지게 말하지 않는다. 이러한 유형은 대부분 보상을 얼마나 받아야 할 지 또는 요구하는 보상이 기준 이상이라는 것을 자신이 잘 알고 있는 경우가 많다.

► 응대요령 :

- 고객이 결정을 내리지 못하는 갈등요소가 무엇인지를 표면화시키기 위해 시기 적절히 질문을 하여 상대가 자신의 생각을 솔직히 드러낼 수 있도록 도와준다.
- 피해보상 기준에 근거하여 적정 보상 기준과 이점 등을 성실히 설명하여 문제를 해결할 수 있도록 사후조치에 만전을 기하여 신뢰를 느낄 수 있도록 한다.

3) 빈정거리는 고객

► 특징 : 빈정거리거나 비꼬며 말하는 사람이나 무엇이든 반대하는 사람은 열등감이나 허영심이 강하고 자부심이 강한 사람이다. 아무렇게나 말을 마구 내뱉듯이 말하다가 상대로부터 강한 추궁이나 반박을 당하면 자신이 한 말이 아무 의미 없는 것으로 책임을 회피하곤 한다. 문제 자체에 중점을 두어 이야기하지 않고 특정한 사람이나 문구, 심지어는 대화중에 사용한 단어의 의미를 꼬투리를

잡아 항의하는 등 아주 국소적인 문제에 더욱 집착하여 말한다.

► 응대요령 :

- 정중함을 잃지 않고 냉정하고 의연하게 대처하는 것이 좋으나 상황에 따라 고객의 행동을 우회하여 지적해 줄 수도 있고 때로는 가벼운 농담의 형식으로 응답하는 노련함이 효과적일 수 있다.
- 대화의 초점을 주제방향으로 유도하여 해결에 접근할 수 있도록 자존심을 존중해 주면서 응대하고 고객이 빈정거림을 적당히 인정하고 요령껏 받아줌으로써 고객의 만족감을 유도하면 고객도 타협의 자세를 보이게 된다.
- 무엇이든 반대하는 사람은 질문법을 활용하여 고객의 의도를 표면화하는 것이 좋으며 감정조절을 잘하여 고객에게 휘말리지 않도록 주의해야 한다.

4) 저돌적인 분위기의 고객

► 특징 : 상황을 처리하는데 단지 자신이 생각한 한 가지 방법밖에 없다고 믿고 남으로부터의 피드백을 받아들이려 하지 않는 고객이 있다. 남에게 마구 질문공세를 퍼면서 분위기를 압도하려 하고 상대방의 이야기를 끊고 마구 자신의 주장을 펴기도 하므로 버릇없고 거만하며 도발적인 느낌을 갖게 하는 고객이다.

► 응대요령 :

- 침착성을 유지하고 고객의 친밀감을 이끌어낼 마음의 준비를 하여 자신감 있는 자세로 고객을 정중히 맞이해야 한다.
- 고객의 마음을 지배하고 있는 것은 표면화된 호전성과는 달리 극심한 불안감일수도 있으므로 상담자가 미리 겁을 먹고 위축되지 않도록 한다. 그 사람이 나에게 항의하는 것이 아니고 고객이 회사에게 항의하는 것임을 명심한다.
- 조심스럽게 고객의 주의를 끌어 상담자의 영역 내의 방향으로 돌리도록 한 뒤에 조용히 사실에 대해 언급한다. 말하고 있는 도중 고객이 방해를 하면 친절히 양보하여 충분히 말할 수 있는 편안한 분위기를 유지해 주면서 고객 스스로가 문제를 해결할 수 있도록 유도한다. 또한 부드러운 분위기를 유지하며 정성스럽게 응대하되 음성에 웃음이 섞이지 않도록 유의한다.
- 고객의 흥분 상태를 인정하고 직접적으로 진정 할 것을 요청하기보다는 고객

스스로 감정을 조절할 수 있도록 유도하는 우회화법을 활용한다.

5) 지나치게 호의적인 고객

► 특징 : 사교적이며 협조적인 고객이면 합리적이고 진지한 면이 있다. 그러나 때로는 고객 자신이 하고 싶지 않거나 할 수 없는 일에도 약속을 하여 상대방을 실망시키는 경우도 있다. 모든 사람이 항상 자신을 받아들이고 좋아해 주기를 바라는 욕구가 내재되어 있기도 하다.

► 응대요령 :

- 이야기의 맞장구를 잘 치는 사교적인 고객을 대할 때는 상대의 의도에 말려들 위험이 있으므로 기분에 사로잡히지 않도록 하며 말을 절제하고 고객에게 말할 기회를 많이 주어서 결론을 도출한다.
- 고객의 진의를 파악할 수 있도록 질문을 활용하고 합의를 지연하고자 하는 고객의 의도를 경계해야 한다.
- 상담원이 계획한 결론을 고수할 수 있도록 외유내강의 자세를 유지하여 깔끔한 합의를 이끌어낼 수 있어야 한다.

6) 같은 말을 장시간 되풀이하는 고객

► 특징 : 자아가 강하고 끈질긴 성격을 가진 사람이다.

► 응대요령 :

- 상대의 말에 지나치게 동조하지 말고 고객의 항의 내용의 골자를 요약하여 확인한 후 고객의 문제를 충분히 이해하였다는 것을 알리고 문제 해결에 관한 확실한 결론을 내어 고객에게 믿음을 주도록 한다.
- 회피하려는 인상을 주면 부담이 가중될 수 있으나 가능한 신속한 결단을 하는 것이 좋다.

7) 과장하거나 가정하여 말하는 고객

► 특징 : 콤플렉스를 가진 고객일 수 있다.

► 응대요령 :

- 상대의 진의를 잘 파악하여 말로 설득하려 하지 말고 객관적인 자료로써 응대하는 것이 좋다.
- 정면으로 부정하거나 확인하려 하면 커다란 마찰이 생길 수 있으니 우회화법으로 고객으로 하여금 사실을 말하도록 유도하여 고객이 말한 내용을 잘 기록하고 정리하여 변동사항이 발생했을 때 대처하도록 한다.

8) 불평을 늘어놓는 고객

► 특징 : 사사건건 트집과 불평을 잡는 고객이다. 말이 많고 꼬투리 잡기를 즐기는 고객에게는 [맞장구, 추켜세우기, 설득하기] 등을 활용하는 것이 좋다.

► 응대요령 :

- 고객이 불평을 하거나 따지고 들 때는 "제가 뭐 압니까? 법이 그렇고, 위에서 그렇게 하라니 할 수 없죠" 하는 식의 무책임한 말을 해서는 안 된다. 또는 "그것은요~" "그건 아니죠" 하며 즉각 반론을 폈다가는 악화된 고객의 감정을 더욱 자극할 뿐이다.
- 고객의 불평 이유를 재빨리 감지하여 고객이 오해를 하고 있다면 "네, 고객님의 말씀도 맞습니다. 그런데..." 으로 고객의 입장을 인정해 준 후 차근차근 설명하여 이해를 시켜야 할 것이다. 그러나 고객의 요구가 정당하고 당신에게 잘못이 있었다면 앞 뒤 잴 것 없이 즉각 용서를 빌고 성의를 다하여 줌으로써 더 큰 언쟁으로 발전하는 일이 없도록 주의해야 한다.

9) 성급한 고객

► 특징 : 조금만 사무처리가 늦어도 '빨리 빨리'를 외치고 재촉이 심한 고객이다.

► 응대요령 :

- 업무처리가 늦어질 것 같다고 예상될 경우는 사과와 함께 중간 중간에 진행상황을 알려준다. 또 업무처리에 적극적인 태도를 보이며 고객을 다독거려 준다.

10) 쉽게 흥분하는 고객

► 특징 : 상황을 처리하는데 단지 자신이 생각한 한 가지 방법밖에 없다고 믿고 남으로부터의 피드백을 받아들이려 하지 않는 고객이 있다. 고객의 마음을 지배하고 있는 것은 표면화된 호전성과는 달리 극심한 불안감 일수도 있으므로 상담자가 미리 겁을 먹고 위축되지 않도록 한다. 고객이 나에게 항의하는 것이 아니고 회사에게 항의하는 것이므로 일어난 상황을 개인적인 일로 받아들이지 않도록 한다. 따라서 논쟁을 하거나 마주 화를 내는 일이 없도록 하여 상대방이 소진될 때까지 시간을 두고 기다리는 것이 현명한 대처 방법이다. 조심스럽게 고객의 주의를 끌어 상담원의 영역 내의 방향으로 돌리도록 한 뒤에 조용히 사실에 대해 언급한다. 말하고 있는 도중 고객이 방해를 하면 친절히 양보하여 충분히 말할 수 있는 편안한 분위기를 유지해 주면서 고객 스스로가 문제를 해결할 수 있도록 유도한다.

► 응대요령 :

- 부드러운 분위기를 유지하며 정성스럽게 응대하되 음성에 웃음이 섞이지 않도록 유의해야 한다.
- 고객의 흥분 상태를 인정하고, 직접적으로 진정할 것을 요청하기보다는 고객 스스로 감정을 조절할 수 있도록 유도하는 우회화법을 활용하는 것이 바람직하다.

11) 비유를 잘하는 고객

► 특징 : 머리가 좋은 사람일 경우가 많다.

► 응대요령 :

- 논리적 화법으로 설득하여야 하며 약점을 잡히면 신뢰감을 잃을 수 있으니 세심히 대처해야 한다.

12) 이치를 따지기 좋아하는 고객

► 특징 : 완고한 성격의 소유자이다.

► 응대요령 :

- 이론적으로 맞서지 말고 상대의 의견에 동조하면서 꾸준히 설득하여 협조를 얻어내도록 한다.

13) 무리한 요구를 서슴지 않고 하는 고객

► 특징 : 원칙에 어긋난 일을 부탁한다거나 터무니없이 물건 값을 깎는 등 도저히 될 수 없는 일임에도 불구하고 고객이 무리한 요구를 하면 그처럼 답답한 일은 없다. 싸움을 걸기 위해 일부러 무리한 요구를 하는 못된 고객도 없지 않겠지만 대부분의 경우, 고객은 자신의 입장만을 생각할 뿐 그 요구가 무리하다는 것을 알지 못한다.

► 응대요령 :

- 이럴 때는 우선 고객의 입장을 충분히 이해하고 있음을 알려준 후 고객이 무리한 요구임을 납득할 수 있도록 차근차근 설명을 해야 한다. 답답하고 짜증이 난다고 해서 "모르는 소리하지 마세요" "아 이 양반이 이거 처음 보나" 식으로 면박을 주고 무안을 주는 일이 있어서는 결코 안 된다.

14) 뽐내는 고객

► 특징 : 자기 자랑이 심하고 거만하며 직원 따위는 거들떠보지도 않고 책임자에게만 접근하려 하고, 돈이 좀 있으면 있는 티를 내는 고객.

► 응대요령 :

- 이런 고객은 단순한 면이 있으므로 칭찬해주고 맞장구 쳐주면 의외로 문제해결이 쉽게 되는 경우가 많다.

15) 큰 소리로 말할 때

► 특징 : 본래 자신의 목소리가 크거나 또는 흥분이 되어 큰 목소리로 말하는 경우이다.

► 응대요령 :
- "저 죄송합니다만 목소리를 좀 낮추시지요." 라는 직접적인 표현은 하지 않는 것이 좋다. 상담원이 먼저 목소리를 작게 낮추고 말을 천천히 이어감으로써 상대방으로 하여금 자기의 목소리가 지나치게 크다는 사실을 깨닫게 한다.

16) 쾌활한 고객

► 특징 : 이런 고객은 후에 인간적인 교류까지도 가능하게 되는 무난한 고객이다.

► 응대요령 :
- 너무 정중하게 대할 것만이 아니라 한 걸음 나아가 친숙한 사이로 접근해 봄이 바람직하다.
- 일을 처리함에 있어서 "예스" "노"를 분명히 하는 것이 좋다. 단 상대방의 쾌활함에 밀려 예의를 벗어나는 일이 없도록 유의해야 한다.

17) 말이 없는 고객

► 특징 : 속마음을 헤아리기 어려운 고객이다. 조금 불만스러운 것이 있어도 잘 내색을 하지 않는 유형이다. 그러나 말이 없다고 해서 흡족한 것으로 착각해서는 안 된다. 이런 고객은 한 번 마음에 들면 거래가 오래 계속되나 반면에 마음이 돌아서면 끝이기 때문이다. 말이 없는 대신 오해도 잘한다.

► 응대요령 :
- 정중하고 온화하게 대해주고 일은 차근차근 빈틈없이 처리해 주어야 한다.

18) 깐깐한 고객

► 특징 : 별로 말이 많지 않고 예의도 밝아 직원에게 깍듯이 대해주는 반면 직원의 잘못은 꼭 짚고 넘어간다. 참으로 조심스런 고객이다.

► 응대요령 :
- 정중하고 친절히 응대하되 만약 고객이 잘못을 지적할 때는 반론을 펴지 않

는 것이 좋다.
- 이런 고객일수록 자존심이 상당히 강하므로 “지적해 주셔서 감사합니다.” 하고 받아들이는 자세를 보여야 내심 좋아한다.

19) 자신감이 없는 고객

► 특징 : 처음 거래를 시작하러 왔다든가 or 특별한 서비스에 익숙하지 못해 주눅이 들어 있는 고객이다.

► 응대요령 :
- 안내단계에서부터 자세하고 친절히 대해주어 자신감을 북돋아 주어야 한다.
- 마음 편하게 응대해 주는 것이 좋다.

20) 의심이 많은 고객

► 특징 : 이것저것 캐묻고 이리 갸우뚱 저리 갸우뚱 의심이 많은 고객.

► 응대요령 :
- 자신감 있는 태도로 명확하고 간결하게 응대한다.
- 너무 자세한 설명이나 친절도 의심의 대상이 되기 때문에 분명한 증거나 근거를 제시하여 스스로 확신을 갖도록 유도하여야 하며 때로는 책임자로 하여금 응대하도록 하는 것도 좋다.

제4절 고객설득 및 상담능력 향상 전략

1. 고객설득능력 향상 방안

1) 고객 개개인의 마인드를 스크리닝 하라.

고객 타깃이 불명확하고 고객 데이터의 로열티가 떨어질 때에는 대부분의 고객들은 무관심, 무반응으로 나타난다. 특히 아웃바운드 텔레마케팅 전개 시 전화를 받은 고객이 대체로 무반응, 무관심, 장해요소발생(고객이 회의 중, 다른 전화를 받고 있을 때, 업무집중을 강화하고 있을 때, 컨디션이나 기분이 몹시 상해있을 때 등등)시에는 고객에 대한 마인드 스크리닝을 통해 고객을 간파하고 직접 응대가 원만하게 이루어져야 한다. 이때에는 텔레마케팅 목적을 달성하기 위한 의욕 때문에 발생하는 강박관념보다는 고객을 진정으로 이해하고 동감을 느낄 수 있는 상호교감(相互交感)에서 출발할 수 있는 상황을 이끌어내어야 하는 노력이 요구된다. 상호교감은 정신적 일체감, 공통화제 교환, 문제점이나 어려운 점의 해결 등을 통해 상승된다.

2) 커뮤니케이션 접촉빈도를 향상 시킨다.

동일한 업무로 반복적인 상황을 리드하는 텔레마케터가 고객 한 사람 한 사람에게 전화를 거는 일 자체도 힘든 일인데 동일인에게 재차, 삼차 전화를 거는 일은 결코 쉬운 일이 아니다. 그러나 유능한 텔레마케터는 바로 이 같은 커뮤니케이션 접촉빈도를 늘리는 데 자신의 노하우를 투영할 수 있다는 점이다. 고객은 마치 청춘남녀가 데이트하는 법칙과 같다는 말이 있다. 처음 만났을 때에는 서로 상대방을 정확하게 파악하기 보다는 자신들이 서로 상대방에게 잘 보이려는 욕망부터 앞선다. 따라서 실제는 두 번 세 번 반복적으로 만났을 때 상대방을 보다 정확하게 간파할 수 있다. 보통 세 번 정도 만나면 상대방을 더 만나야 할 사람인지, 아니면 여기에서 절교를 해야 하는지 판단이 선다. 이것은 비즈니스에서 동일한 원리가 적용된다. 고객에게 세 번 정도 전화를 하였을 때 전보다 우호적이라면 이것은 매우 바람직한 고객성향으로 발전할 수 있다는 희망을 발견할 수 있다는 점이다. 특히 고가, 명품, 가입비 부담이 큰 텔레마케팅 행위일수록 텔레커뮤니케이션 접촉빈도는 바로 고객의 우호적 성향을 도출하는 직접적인 계기가 된다. 접촉빈도가 높을수록 우호적인가, 비우호적인가를 반드시 체크하여 고객설득능력을 제고할 수 있도록 한다.

3) 텔레마케팅 접촉채널을 다양화하라.

오늘날 텔레마케팅은 무점포 마케팅의 대표적인 수단으로 평가를 받고 있다. 텔레마케팅의 가장 큰 위력은 전화라는 통신수단을 통해 고객과 1:1 쌍방향 커뮤니케이션을 전개할 수 있으며, 이는 기업의 성과에 큰 영향을 미치는 것이다. 그런데 최근에는 전화 한 가지 수단으로만은 근본적인 커뮤니케이션의 한계가 있다. 고객과의 철저한 1:1관계 속에서 더욱 고객과 텔레마케터가 인간적인 신뢰를 쌓아야 한다. 이것은 바로 앞에서 언급한 우호적인 커뮤니케이션 빈도와 커뮤니케이션 채널의 다양성이 동시에 수반될 때 더욱 효과적이다. 여기서 말하는 커뮤니케이션 채널은 한 고객에게 전화적인 텔레마케팅 접촉뿐만 아니라, 휴대폰 음성메세지, 카탈로그, 신문·방송매체, 케이블TV, 인터넷Sales 등 가능한 접촉채널을 동시에 활용한다는 점이다. 따라서 텔레마케터들도 데이터베이스 마케팅과 CRM기법과 툴을 적극적으로 활용할 수 있을 때 고객들은 더욱 텔레마케터의 입장을 이해하게 된다. 콜센터 매니저는 이 같은 고객접촉채널의 다양한 확대, 용도의 명확성, 효율성 등을 동시에 고려하여 설정해줄 수 있어야 한다.

4) 주 고객 타깃과 상품/서비스 판매핵심층을 일치시켜라.

텔레마케팅은 콜센터에 근무하는 텔레마케터 한 사람 한 사람의 생산성과 직결된다. 따라서 고객의 타깃을 연령, 성별, 라이프스타일 등으로 세분화하여 텔레마케팅 공략 타깃고객을 설정하여 집중적으로 공략하도록 한다. 고객층을 분류하면 그들 집단은 어느 정도 공통의 동의(consensus)가 있다. 즉 소비자의 특징, 구매행동 및 특성, 상품/서비스 특징에 맞는 고객의 니즈 및 선호도에서 공통분모를 발견할 수 있다. 특히 고객의 생활가치관에 따라 구매행동은 매우 달라지고 있다. 1:1 관계개선의 중요성이 인식되면서 One이 강조되고 있는데 이때 데이터베이스 마케팅 기법은 DB를 활용하여 지역 또는 타깃을 기초로 고객(=

타깃고객)을 선별하여 그들의 욕구에 부합하는 상품이나 정보를 제공하는 고객 중심의 마케팅 기법이다.

5) 고객리스트를 효율적으로 관리하라.

① 고객데이터 속성의 질 개선

텔레마케터가 콜센터를 이직하는 이유는 여러 가지가 있다. 반복 업무, 비인간적인 대우, 지나친 모니터링, 슈퍼바이저, 매니저와의 갈등, 낮은 급여조건 등이 있다. 그런데 최근에는 우리나라 콜센터의 대부분이 의외로 고객데이터베이스의 비정밀성, 비정확성, 고객 컴플레인의 빈발, 고객의 집단저항 등으로 인하여 이직이 급격하게 늘고 있는 추세다. 특히 고객리스트는 텔레마케터들에게 가장 중요한 무기다. 물론 제품, 서비스의 품격도 중요하지만 이것은 하루아침에 바꿀 수 있는 상황이 아니기 때문에 가장 원초적인 고객리스트의 업그레이드가 중요하다.

② 고객리스트의 지속적인 관리와 보충

고객리스트는 항상 변동하기 때문에 지속적으로 관리하지 않으면 그 가치가 없어진다. 왜냐하면 오래된 리스트나 틀린 정보들은 오히려 마케팅 비용을 상승시키고 효율을 저하시키기 때문이다. 따라서 고객리스트의 필요성과 활용목적, 활용방법에 대해 구체적으로 접근하는 노력이 선행되어야 하며, 정기·비정기적으로 DB를 업그레이드(upgrade)하도록 한다. 고객리스트는 이 같은 정비작업을 통해서 그 값어치(생산성)를 높여야 한다.

6) 주 고객층이 요구하는 서비스 기회를 제공하라.

특히 아웃바운드 텔레마케팅을 성공으로 이끌려면 고객과의 관계개선이 빠른 집중 타깃마케팅과 고객관계 개선활동이 중요하다. 아웃바운드 텔레마케팅에서 고객집중 마케팅의 특성을 살려 고객확보에 성공하기 위한 방안은 다음과 같다. 텔레마케터는 자신에게 주어진 고객명단을 통해 주어진 시간에 가장 효과적인 고객관리와 컴퓨터화면처리, 전화 세일즈를 통해 행동의 시간 취급상품(서비스) 설명 등을 충분하게 활용하여 최고의 판매효율을 이끌어낼 수 있어야 한다. 텔레마케팅을 활용한 고객확보는 다음과 같은 개념을 도입하여 실행하면 된다.

① 인간적인 요소와 신뢰성을 제공할 수 있는 테마를 만든다.
② 고객이 선호하는 인간형, 생활형 가치를 증대시킬 수 있는 테마를 제안한다.
③ 고객 개개인의 개인적인 생활을 충족시킬 수 있도록 한다.
④ 경쟁자에 비해 차별적인 테마를 제공하고 이미지도 차별성을 시도한다.
⑤ 고객과의 인간적인 접촉을 통해 주 고객층의 고충과 제안을 반영한다. 특히 고객의 생활패턴과 심리학적인 특성을 교차시켜 고객확보 전략수립에 반영하면 고객확보가 더욱 쉬워진다.

7) 텔레마케팅 프로군단을 스카우트하라.

텔레마케팅의 필수요소이면서 텔레마케팅 성공에 핵심적인 역할을 담당하는 것이 바로 유능한 텔레마케팅 전문인적자원의 보유와 활용이다. 고객과 기업의 1:1관계에서 커뮤니케이션의 중추적 역할을 수행하는 직접적인 인력인 텔레마케팅 전문상담요원(텔레마케터)과 슈퍼바이저, 매니저 등 전문가와 유능한 텔레마케터를 동시에 보유하여야 고객설득효과가 배가 될 수 있다. 그 중에서도 고객접점에서 직접 상담업무를 진행하는 유능한 텔레마케터의 보유는 바로 텔레마케팅의 인적경쟁력의 원천이 된다. 텔레마케터는 이제 단순하게 물건이나 서비스 이용을 판매하거나 권유하는 판매사원이나 세일즈맨이 아니라 판촉행사는 물론 고객관리 및 고정고객상담, 고객서비스를 개선하고 고객관리활동을 스스로 분석할 줄 아는 텔레마케팅 서비스 전문요원이다. 또한 텔레마케터 채용과 운영이 늘어나면서 이들을 관리할 수 있는 슈퍼바이저나 매니저 같은 고급전문인력의 수요도 급증하고 있다. 이동통신회사같이 시스템 서비스 중심의 콜센터에서는 텔레마케터 30~50명 범위에서 1명의 슈퍼바이저가 필요하지만 일반적으로 아웃바운드 텔레마케팅 형태의 조직에서는 텔레마케터 10~25명 범위에서 1명의 슈퍼바이저가 필요하다. 이와 같은 텔레마케팅 전문요원이라는 직업은 전문적인 직업인으로서 빠른 속도로 자리 잡아 가고 있다. 왜냐하면 기존의 세일즈 방법(DM판촉, TV광고, 신문광고, 지역신문광고 등)이나 방문판매만으로는 판매촉진의 근본적인 한계를 가지고 있기 때문에 이것을 극복하는 데에는 이 업무를 직접 경험해 본 전문능력이 있어야 한다.

8) 공격적인 성향의 고객까지도 설득 · 매료시킨다.

알고 보면 고객의 특성은 주로 인구통계적, 지리적, 소득, 제품이나 서비스 선호도 등에 따라 달라진다. 그러나 오늘날 고객성향분석에서 결코 빼놓을 수 없는 새로운 이슈는 바로 사회적 성향이나 국민적인 기질에 따라 상당하게 달라질 수 있다는 점이다. 텔레마케팅을 전개할 때에도 가장 어려운 상황 중의 하나가 우리나라 고객들의 상당수가 공격적인 성향을 띠고 있다는 것이다. 한국과 일본의 범죄통계자료의 비교에 의하면 인구 10만 명당 고소·고발건수는 1997년 현재 한국이 1,156건으로 이웃 일본의 8.1건보다 무려 143배나 높다고 한다. 전체 피고소 인수로는 한국이 51만5,396명으로 일본의 1만106명보다 50배가 많다. 고소를 제기한 사람이 한사람이라고 할 때 한국사람 중 100만 명이 매년 몇 달씩을 고소·고발에 매달려 시간을 낭비하는 것이다. 게다가 이중 81%는 무혐의나 불기소 처분이 되는 고소사건이다. 예컨대 고소사건의 10중8구는 무고라는 말이다. 이 같은 통계는 우리나라 고객의 성향 중 대표적인 특징이 바로 공격적인 성향을 지니고 있다고 보아도 과장된 표현이 아니라는 것이다.

콜센터에서 근무하는 텔레마케터는 고객에게 무조건 화를 내서는 안 되며, 고객의 공격에 맞대응해서는 안 된다는 숭고한 고객존중정신아래 때론 고양이 앞의 생쥐가 되는 꼴이 되고 만다. 텔레마케팅의 종사자들은 고객상담의 전문성, 발전성을 기대하면서도 현실에서는 3D업종취급을 취급받을 수 있다. 이런 텔레마케터들이 고객을 설득시키고 매료시킬 수 있는 핵심적인 요소는 무엇일까? 텔레마케터들에게 성과달성, 모니터링에 대한 평가를 통해 커뮤니케이션 질만 향상시킬 것이 아니라 이들에게 필요한 동기부여, 학습기회 제공, 고객성향별로 대응할 수 있는 프로 고객관리 응대기법 등의 심도 있는 독창적인 학습과 응대실습(Role-playing)이 요구된다고 하겠다.

9) 가망고객을 설득할 수 있는 고객접점(MOT)을 개선하라.

가망고객은 비록 지금은 고정고객이 아니지만 고객을 설득시킬 경우 의외로 고정고객으로 확보하기 쉬운 살아있는 데이터다. 따라서 고객의 접점을 개선하는 일도 결코 소홀할 수 없다. 일반적으로 고객접점을 향상시키기 위해서는 고객의 니즈를 먼저 파악하여야 한다. 고객의 입장에서 볼 때 자신의 니즈를 주로 경제성(가격차별성 또는 비교우위성, 편의성, 신뢰성, 선택성, 안정성, 정보성, 고정고객성) 등의 선택요소를 선택한다. 고객접점의 파악은 고객가치를 분별하여 접근하는 방법이 가장 높은 효과를 가지고 있다. 가망고객이 지니고 있는 가치를 정밀하게 조사하는 것은 매우 중요하다.

10) 가망고객을 고객으로 흡입하는 적극적인 텔레세일즈 기법

잠재고객의 발굴을 위해서는 고객의 니즈에 부합하는 다양한 상품서비스 홍보전략의 추진이 필요하다. 차별화된 서비스의 홍보에 있어서 일반고객들은 위화감을 느낄 우려가 있으므로 합리적인 방법에 의해 잠재고객을 선정하고 다이렉트 메일 등 선별적인 홍보활동의 강화가 요구된다. 잠재고객의 범위를 정하였다면 실제로 텔레마케터들이 접촉해야할 고객명단의 선정과 퇴출작업이 진행되어야 한다. 또한 접촉하는 고객들의 접촉일시, 접촉자, 접촉결과를 데이터베이스화하여 향후에도 재통화, 재시도할 수 있는 상황을 설정하는 데 도움이 될 수 있도록 조처한다. 특히 특정부서나 영업점의 고객개발은 목표고객설정과 고객접근을 통한 [고객 만들기], 고객과의 유대관계강화를 통한 [고객으로 연결] 및 고객과의 유대심화를 통한 [고객 고정화] 단계를 거쳐 이루어진다.

※ 가망고객의 속성 이해

① 가치속성

가망고객들은 어떠한 가치의 경험속성을 지니고 있으며 가치비중을 어디에 두고 있는가?

② 속성의 일치여부

가망고객들의 속성과 기존 고정고객들의 속성과 일치한가?

③ 차별적 가치

경쟁사에 비해 우리에게 어떠한 가치를 부여하고 있는가?

④ 혁신적인 가치

고객의 가치를 개선하기 위해 우리는 이들 가망고객에게 어떠한 혁신적인 가치를 베풀 수 있는가?

11) 데이터베이스 마케팅을 활용한 고객설득능력 향상

데이터베이스 마케팅 활용목적은 다소 기법에 놓여진 마케팅환경, 전략전개 비중의 차이, 마케팅 조직의 능력에 따라 차이가 있을 수 있지만 다음과 같이 정리할 수 있다. 데이터베이스 마케팅의 활용목적은 매우 다양하므로 선택의 폭이 매우 넓다. 또한 데이터베이스 마케팅의 활용목적 보다 데이터베이스 마케팅 활용의 궁극적인 목표는 무엇인가에 대해 문제를 요구할 수 있다. 그것은 고객이탈방지 즉 고정 고객화에 있다고 보면 큰 무리가 없다.

① DM송부, 판촉물 무료송부, 샘플이나 견본품 송부
② 고객에게 알림, 판촉, 이벤트 판촉
③ 고객과의 관계개선
④ 고객서비스 개선·고객의 소리 청취
⑤ 판촉결과, 고객관리 성과 측정(앙케트, 모니터링 등)
⑥ 고객정보 획득
⑦ 상품 및 서비스 믹스
⑧ 신규고객확보
⑨ 신제품판매, 틈새시장 진출
⑩ 제품 설정 작업
⑪ 우량고객 관리
⑫ 감사의 전화(happy call)
⑬ 고객이탈방지(=고정고객화)

제5장 텔레마케팅 실무

제1절 인바운드 상담

인바운드 상담이란 고객이 기업의 광고나 직접우편에 반응하여 기업에 전화하는 고객의 능동적인 활동을 통해 마케팅 활동이 일어나는 것을 말한다. 즉 고객이나 잠재고객으로부터 걸려오는 것으로 카달로그를 통한 통신판매의 전화접수, 광고의 반응, 각종 문의, 불만사항 대응 등이 주된 업무이다.

1. 인바운드 상담 흐름

1) 업무 전 준비

전화응대를 시작하기 전에 상담에 필요한 매뉴얼, 메모준비가 되어 있는지 확인한다. 또 수화기를 들기 전에는 미소를 지으며 밝은 음성을 준비한다.

2) 첫인사

전화는 벨소리 3회 이내에 받아야 하며, 밝고 명쾌한 목소리로 인사말, 소속, 이름을 말한다. 첫인상으로 상대방의 이미지를 결정하듯이 전화응대와 품질은 첫인사에서 시작된다. 고객이 편안하게 자신의 문제를 맡길 수 있도록 활기차고 적극적인 목소리로 고객을 반길 수 있어야 한다.

3) 문의내용 파악

고객이 전화를 건 사항에 대하여 파악하는 단계이다. 고객이 자신의 이야기를 시작하지 못하고 망설일 경우에는 “무엇을 도와드릴까요?”로 텔레마케터가 고객을 리드한다.

4) 문제해결 방안 제시

상담원은 고객의 용건에 대하여 충분히 파악 후 이에 대한 적절한 해결방안을 제시하거나 고객의 욕구에 알맞은 상품을 추천한다.

5) 문제해결

정보제공, 수주처리, 불만사항 처리 등의 상담업무를 수행한다.

6) 내용 재확인

통화를 종료하기 전에 텔레마케터는 상담의 내용을 요약하여 고객에게 확인시켜준다. 상담내용 요약은 고객의 동의를 한 번 더 확인하는 것과 동일하다. 또한 상담내용을 상기시켜 줌으로써 정확한 상담이 되는 것을 도와준다. 또 고객이 주의해야 할 사항이나 참고해야할 사항이 있다면 이 단계에서 안내가 이루어져야 한다.

7) 마무리 및 끝인사

내용 재확인 후에는 상담의 마무리를 시도한다. 이 단계에서는 “더 궁금하거나 필요하신 사항은 없으십니까?”라는 +1 질문을 함으로써 고객에게 남아있을지 모르는 욕구사항을 확인한다. 고객이 ‘없다’ 라는 답변을 하면 감사인사와 함께 마무리인사를 실시한다.

<표 5-1> 인바운드 상담원례

내용		휴대폰 임시 정지요청에 대한 업무처리
구분		Script
도입부	상담원	정성을 다하겠습니다. (소속) OOO입니다.
	고 객	수고하십니다.
	상담원	네, 반갑습니다. 무엇을 도와드릴까요?
	고 객	네, 휴대폰 좀 임시로 정지할 수 있나요?
	상담원	네, 가능합니다. 제가 신속하게 도와드리겠습니다. 혹시 고객님 임시정지에 대해서는 알고 계십니까?
상담부	고 객	아니요...
	상담원	네, 그러십니까. 제가 설명을 먼저 해드리겠습니다. 휴대폰을 임시 정지할 때는 정지기간 중에도 기본요금 이 부과가 됩니다.
	고 객	아니 핸드폰도 안 쓰는데 요금이 왜 나가요?
	상담원	네, 정지기간일지라도 번호가 계속 유지가 되기 때문에 번호를 유지하는 비용으로 기본요금이 부과가 됩니다.
	고 객	아..그래요. 어쩔 수 없죠. 임시정지해주세요.
	상담원	네, 곧바로 처리해드리겠습니다
중 략		
마무리	상담원	고객님. 임시정지 처리해드렸습니다. 임시정지는 오늘부터 O월 O일까지이고 그 이전에 해지를 원하실 경우는 저희 통신사로 연락을 주시기 바랍니다.
	고 객	네, 고맙습니다.
	상담원	네, 감사합니다. 더 궁금하신 사항은 없으십니까.
	고 객	네.. 없네요. 수고하세요.
	상담원	네, 행복한 하루 되십시오. 저는 (소속) OOO이었습니다.

2. 인바운드 상담 시 갖추어야 할 자질

인바운드 상담은 DM을 받은 고객이나 홈쇼핑을 이용하기 위해 전화를 걸어온 고객에게 텔레마케팅을 수행하기도 하지만 주로 제품/서비스에 대한 문의사항이나 불만사항을 해결하는 데 이용되고 있다. 따라서 인바운드 상담에서는 고객의 마음을 잘 공감하고, 고객의 욕구를 신속하게 해결해 줄 수 있는 전문지식과 커뮤니케이션 능력이 요구된다. 인바운드 상담 시 텔레마케터가 갖추어야 할 자세는 다음과 같다.

① 서비스 정신 : 고객응대는 철저하게 서비스 마인드 자세에 입각하여 고객을 존중하고 배려하는 정신으로 고객응대에 임해야 한다.

② 전문적인 지식 : 고객응대는 자사의 제품과 서비스에 대한 업무지식이 있어야 효과적으로 대응할 수 있다.

③ 커뮤니케이션 품격 : 상담원의 태도와 상담에서 신뢰성, 정직성 진지함 등이 느껴져야 한다.

④ 객관성과 공정성 : 고객이 제품이나 서비스에 대한 불만을 경험함으로써 이에 대한 명확한 처리를 희망하는 경우가 있을 수 있다. 이럴 때는 고객의 의식 또는 지식수준에 따라 편파적이거나 자신이 속한 기업의 상품과 서비스에 대한 입장만 주장하는 일이 없도록 해야 한다. 즉 객관적이고 공정성 있는 응대가 되어야 한다.

⑤ 고객불만 원인의 정확한 파악 : 고객불만의 원인이 판매과정이나 배송절차, 불친절한 서비스, 파손, 서비스 하자 중에서 어디에 기인하여 발생하였고, 현재 고객이 바라는 것이 무엇인지 정확하게 파악하여 응대해야 한다.

⑥ 전문적인 응대기법 : 경청과 청취 이해력, 간결하고 쉽게 설명하는 표현 구술능력, 고객을 설득할 수 있는 능력, 상황판단 대응력 등 전문적인 응대기법을 갖추어야 한다.

제2절 아웃바운드 상담

아웃바운드 상담이란 상담원이 고객에게 전화를 걸어 제품과 회사소개, 처리결과 안내, 시장조사, 가입안내 등의 업무를 말한다. 신규고객을 개척하거나 잠재고객을 발굴하기에 용이한 마케팅활동이다.

1. 아웃바운드 상담 흐름

1) 업무 전 준비

통화 전 고객의 개인별 특성(고객속성, 거래속성)에 대해 이해하며, 미소와 밝은 음성을 준비한다.

2) 첫인사

첫인사는 명쾌하고 밝게 실시하며, 소속과 이름은 또박또박 정확하게 밝힌다.

3) 전화 건 목적 설명

전화를 건 목적에 대하여 설명한다. 즉 서비스나 상품에 대한 설명을 한다. 이 단계에서 고객의 유형을 파악하고 신뢰를 획득할 수 있어야 한다. 또 아웃바운드 텔레마케팅은 고객에게 사전예고 없이 전화를 거는 경우가 많아서 고객의 상황을 충분히 고려하며 상담을 진행해야 한다.

4) 탐색질문

고객의 니즈를 인식시키고 고객의 현재 상황을 파악할 수 있는 질문을 한다.

5) 이점제안 및 반론극복

서비스 및 상품의 가치를 설명하며 이점의 포인트를 강조한다. 또 고객이 곤란해 하고 있는 점이나 요구사항을 알았을 경우 고객의 욕구에 부합할 수 있는 답변이 될 수 있도록 한다.

6) 요약종결

도출된 결론에 대하여 동의·약속·결과사항 등을 확인한다.

7) 끝 인사

감사의 인사를 전화고 간결한 인사말로 밝고 정중하게 실시한다.

위와 같은 아웃바운드 상담의 흐름을 4단계로 정리하면 <그림 5-1>와 같다.

<그림 5-1> 아웃바운드 상담의 흐름

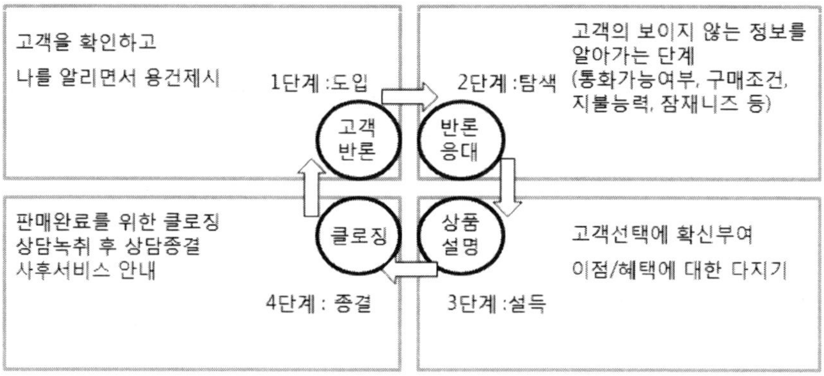

<표 5-2> 아웃바운드 텔레마케팅 사례

내용		자동차 보험 재가입에 대한 텔레마케팅
구분		Script
도입부	상담원	안녕하십니까. '한평생 보험'의 김사랑입니다. 이평탄 고객님 맞으십니까?
	고 객	네, 맞아요.
	상담원	네, 이평탄 고객님 반갑습니다. 저는 고객님의 자동차보험을 담당하고 있는 김사랑입니다. 고객님의 자동차보험이 만기가 되어서 안내전화 드렸습니다. 잠시 통화가능하십니까?
	고 객	네, 괜찮아요. 벌써 그렇게 됐나요?
탐색 설득 클로징	상담원	네, 시간 참 빠르죠. 자동차보험은 만기날짜가 지나면 사고가 나더라도 보상을 전혀 받으실 수 없습니다. 그래서 고객님의 불편함을 덜어드리고자 제가 몇 가지 확인 후에 재가입을 해드리고자 하는데 지금 재가입을 해드릴까요?
	고 객	네, 해주세요
	중략	
마무리	상담원	고객님 0월0일 날짜로 재가입이 완료되었습니다. 보험증권은 3-4일 이내에 우편으로 받으실 수 있는데 우체국 사정상 조금은 지연될 수 있습니다. 양해부탁드리구요, 보험증권 확인 후에 궁금한 사항이 있으시면 연락주시기 바랍니다.
	고 객	네, 고맙습니다.
	상담원	네, 감사합니다. 더 궁금하신 사항은 없으십니까.
	고 객	네.. 없어요.
	상담원	네, 오늘도 행복한 하루 되십시오. 저는 '한평생 보험'의 김사랑이었습니다.

2. 아웃바운드 텔레마케터가 갖추어야 할 자질

아웃바운드 상담은 인바운드 상담보다 더 고도의 기술을 요하며 마케팅 전략이나 통화기법의 노하우 등이 성과에 큰 영향을 미친다. 아웃바운드 텔레마케터가 갖추어야 할 자질은 다음과 같다.

① 긍정적이고 적극적인 성격이어야 한다.

긍정적이고 밝은 성격의 사람이 유리하다.

② 맑고 생동감 있는 목소리어야 한다.

자신감과 생동감이 있어야 하며 상대방에게 호감을 줄 수 있는 목소리를 지녀야 한다.

③ 풍부한 경험과 상황대응 능력

고객의 관심사항, 고객이 처한 상황, 문제점, 불만 등을 미리 체크하거나 대화 중에 재빨리 파악하여 대응할 수 있어야 한다.

④ 인내심과 냉철한 판단력

인내심과 냉철한 판단력은 고객의 니즈를 파악하는 데 중요하다.

⑤ 뚜렷한 목표의식

기업의 목표와 개인의 성과목표를 효율적이고 구체적으로 설정하고 실천할 수 있어야 한다.

⑥ 시간관리능력 및 철저한 프로의식

전화 거는 목적에 부합한 대상선정 및 데이터 확보, 통화시간대 선정 등을 정하여 성공적인 전화접촉이 이루어져야 한다.

3. 아웃바운드 상담의 테크닉

1) 탐색질문법

질문을 통해 고객이 직접 대답하고 대답을 하면서 스스로 필요성을 느끼게 유도해보는 것도 좋다.

(1) 객관적 질문

- "안내문을 읽어 보셨습니까?"
- "다른 계획하신 것이 있으십니까?"

(2) 주관적 질문

- 요즘 많은 분들이 재테크로 보험을 가입하시는데 고객님께서도 가입하셨나요?
- 특별히 고려하시는 이유가 있으신가요?

2) 효과적인 거절처리 법

거절이란 상대방의 요구나 제의를 수락하지 않는 행위를 말한다. 텔레마케팅을 실시하다보면 수많은 거절이 있을 수 있다. 따라서 고객의 거절을 두려워하기보다는 고객의 거절 속에 숨은 의미를 제대로 파악하여 효과적인 상담이 될 수 있도록 해야 할 것이다.

(1) 거절의 숨은 의미

- 바쁜 현대인의 속성이다.
- 낯선 사람에 대한 경계심이다.
- 텔레마케터로 인해 충동적인 구매를 하게 될 것이라는 불안감 때문이다.
- 구매할 상품도 일단 거절해 보는 심리적 용인이 있다.
- 텔레마케팅에 대한 안 좋은 이미지와 기억이 있다.

(2) 거절에 대한 효과적인 커뮤니케이션 방법

① Yes-But 방식

고객의 의견에 대해 다른 의견이 있을 때 또는 고객이 부정적인 반응을 보이거나 곤란한 상황을 이야기 할 때 고객의 태도나 편견에 먼저 동의를 함으로써 고객의 의견을 존중해주고 난 후 상담원이 하고자 하는 이야기를 적극적으로 설득하는 방법이다.

② Boomerang 법(환원법)

고객의 거절을 구매의 적극적인 이유로 변화시키는 방법

③ 재검토 방법

상품 및 서비스를 이용할 때 상담원이 권유하는 것이 고객의 입장으로 볼 때 진정으로 고객에게 합당한 것임을 확인시켜 주는 방법이다. 즉 마이너스요인(거절)에 플러스요인(구매 시 이점)으로 대응함으로써 구매를 촉구한다.

④ 질문법

"왜 그럴까요? 그렇게 생각하시는 특별한 이유가 있으십니까?"로 거적의 진의 및 근거를 찾아가는 방법이다.

3) 반론 극복 테크닉

① 경청 : 절대 끼어들지 말라. 말보다는 고객의 마음과 생각을 읽어라.

② 공감 : 『이해할 수 있습니다』, 『어떤 말씀이신지 잘 알겠습니다』, 『어떤 기분이신지 정확히 알겠습니다』

③ 제한 : 『오늘밖에 기회가 없을 겁니다』, 『지금 시작하시지 못할 다른 이유가 있으십니까?』

④ 확인 : 『다시 말씀드려서 선생님께서 이 점에 대해 만족하신다면 제가 지금 가입신청을 받아도 되겠습니까?』, 『만약 제가 선생님께 지금 확실한 증거자료만 제시해 드린다면 오늘 결정해 주시겠습니까?』

⑤ 질문 : 『어떤 점이 아직도 마음에 걸리십니까?』, 『무엇 때문에 망설이십니까?』

⑥ 처리 : 반론에 대한 답변이나 적절한 처리
⑦ 안심 : 『이제 선생님의 고민이 해결되셨습니까?』, 『이제 한결 마음이 놓이시죠?』
⑧ 종결 : 적절한 타이밍 포착

4) 종결의 3가지 기법

① NO,NO,NO,YES법칙

보편적으로 고객이 처음 YES를 하는 경우는 매우 드물고 3회 이상 요청했을 경우 YES라는 답을 들을 수 있는 확률이 높아지므로 종결 시 고객의 거절을 두려워하지 말라.

② 재탐색을 위한 진의파악

고객이 최종의 결정요청을 거절했을 때 상담원은 불안한 심정으로 상품에 대해 더 많은 제안을 시도하나 그보다는 고객의 니즈를 다시 끌어낼 수 있는 재질문을 하는 것이다. 이때 질문내용은 고객이 인정한 이점을 다시 강조하기 위한 시도이어야 한다.

③ ABC기법(Always Be Closeing!)

고객이 관심을 보이는 매 순간 언제나 종결에 임하라.

5) FAB기법

상품을 설명할 때 모든 사람에게 좋은 장점을 나열하는 것보다는 그 고객만이 얻을 수 있는 이점을 강조하며 고객은 더욱 더 굳은 신뢰감을 갖게 될 것이다.

① 특징(Features) : 상품/서비스가 지니고 있는 독특한 기능, 특징(절대적)
② 장점(Adventages) : 경쟁상품과 비교하여 나은 점(상대적)
③ 이점(Benefits) : 고객이 얻을 수 있는 이익, 만족, 기대성과

4. 아웃바운드 상담 시 유의할 사항

1) 사전 준비

- 필요한 자료(스크립트. Q&A 등)는 미리 자기손 말에 가져다 둔다.
- 데이터시트에 기재된 상대의 전화번호, 회사명을 재확인한다.
- 상대의 입장도 생각한다.
- Call시간대를 생각한다.(야간휴일, 대상자가 희망하는 시간대 등)

2) 전화응대

- 잘못 거는 일이 없도록 정확히 돌린다.(누른다)
- 회사명, 성명은 확실하고 정확하게(명칭 등뿐만이 아니라) 말한다.
- 전화를 한 목적이나 용건을 간단히 전하고, 목적으로 한 본인에게 전해줄 것을 의뢰한다.
- 반드시 고객 본인의 형편을 묻고, 양해를 얻고 나서 얘기를 시작한다.
- 정확한 정보를 간단히 상대에게 전한다.
- 약속한 사항 등은 실수가 없도록 반드시 복창한다.

3) 종료 시

- 끝맺을 때 감사와 인사를 잊지 않도록 한다. 그리고 조용히 수화기를 내려 놓는다.

제3절 고객만족(CS)

1. 고객의 이해

1) 고객의 정의와 분류

고객(customer)이라는 용어의 어원은 'custom'으로써, '어떤 물건이나 대상을 습관화하는 것 혹은 습관적으로 행하는 것'을 의미한다. 즉 고객이란 기업의 상품을 습관적으로 구매하는 소비자로부터 기업과 직, 간접적으로 거래하고 관계를 맺는 모든 주변인을 말한다.

(1) 서비스 제공자인 기업 관점에서의 고객 분류

① 내부고객 : 가치를 생산하는 사람, 즉 종업원(동료, 상사, 타부서)이 이에 속한다.
② 중간고객 : 가치를 전달하는 사람, 즉 유통업자(도매상, 소매상)이 이에 속한다.
③ 외부고객 : 가치를 최종적으로 구매하는 사람, 거래처(회사, 대리점), 최종 소비자, 각종 단체, 기관, 주주가 이에 속한다.

(2) CRM과 관련된 고객분류

① 구매용의자 : 자사의 제품이나 서비스를 이용할 것인지 여부가 불확실하고 애매모호가 느껴지는 사람
② 잠재·가망고객 : 자사의 제품이나 서비스를 알고는 있으나 아직 구매행동으로까지 연결되지 않았고 마케팅이나 접촉활동을 전개하면 고객으로 흡입이 가능하다고 예상되는 사람
③ 구매비의사자 : 자사의 제품이나 서비스에 대해 전혀 관심이 없거나 구매의사를 가지고 있지 않은 사람
④ 최초구매고객 : 자사의 제품이나 서비스를 최초로 구매한 사람
⑤ 반복구매고객 : 자사의 제품이나 서비스를 2회 이상 구매한 적이 있는 사람
⑥ 단골고객 : 반복구매의 차원을 넘어서서 자사제품이나 서비스 중에 활용가능한 것은 대부분 구매한 사람. 경쟁기업의 유인전략에도 행동의 변화가 없는

사람

⑦ 로열티고객 : RFM(Recency Frequency Monetary) 계수나 LTV(Life Time Value)계수가 다른 고객과는 달리 최상의 등급을 가지고 있는 사람

⑧ 비활동고객 : 과거에는 이용하였으나 회사가 정하는 기간범위 내에 구매활동이 전혀 없는 사람

⑨ 이탈고객 : 구매활동이 전혀 일어나지 않은 사람. 비활동고객보다 향후 재구매 가능성이 더욱 낮을 것으로 예상되어 이탈로 확정시켜도 된다고 보는 사람

⑧ 부적격 고객 : 회사에 리스크를 초래하였거나 신용상태, 가입자격 등이 미달되는 사람

2. 고객만족(Customer Satisfaction)의 정의

고객만족(Customer Satisfaction)에 대하여 미국의 소비자 문제 전문가인 굳맨(J. Z. Goodman)은 '고객의 욕구(Needs)와 기대(Expectation)에 부응하며, 그 결과로써 상품·서비스의 재구입이 이루어지고 아울러 고객의 신뢰감이 연속되는 상태'라고 정의하였다. 즉 고객이 원하는 것과 불만의 원인을 찾아내어 좋은 제품과 양질의 서비스를 제공하여 계속 구입하도록 상황을 창출해가는 것을 고객만족이라고 한다.

고객만족을 실현하기 위해서는 다음의 3요소가 필요하다.

① 하드웨어(hardware) : 기업의 이미지, 브랜드 파워, 매장의 편의시설, 고객지원센터, 인테리어, 분위기 연출 등이 있다.

② 소프트웨어(software) : 상품, 서비스 프로그램, A/S와 고객관리 시스템, 부가서비스 체계 등이 있다.

③ 휴먼웨어(humanware) : 기업에서 근무하고 있는 사람들이 가지는 서비스 마인드와 접객 서비스 행동, 매너, 조직문화 등이 있다.

1) 고객만족(Customer Satisfaction)의 필요성

고객만족경영은 그것을 성공적으로 실천할 경우 경쟁자들보다 더 고객을 만족시킴으로써 이윤을 창출시킬 수 있다. 고객만족이 필요한 이유는 다음과 같다.

① 재구매 고객을 창출하는 데 수월하기 때문이다. 기존고객을 신규고객보다 재구매하여 반복구매 할 때에 이익극대화가 가능하다.
② 고객을 만족시킴으로써 반복구매고객이 되도록 하여 비용절감 효과가 있다.
③ 고객을 만족시킴으로써 광고효과의 극대화를 가져올 수 있다.

고객만족의 상태는 다음과 같이 나타난다.

- 고객의 기대 > 고객체감 : 불만 ☞ 고객이탈
- 고객의 기대 = 고객체감 : 보통 ☞ 이탈가능
- 고객의 기대 ≤ 고객체감 : 만족 ☞ 유지가능
- 고객의 기대 ≪ 고객체감 : 감동 ☞ 충성고객

제4절 불만고객 응대방법

1. 불만고객의 이해

불만고객이란 자신이 겪은 불편이나 불만을 조직을 상대로 표현하고 해결을 요구하는 고객을 말한다. 고객이 표현하는 불편이나 불만은 주로 조직에서 경험하게 된 서비스와 관련된 사항이며, 회사 그리고 판매원이나 서비스 제공자에게 중요한 의미를 지니고 있다. 또 자칫 본의 아니게도 불만의 씨가 되어 고객과의 관계를 불리하게 만든다. 조직에 문제가 발생하지 않으면 더 좋겠지만, 문제가 발생한 상황에서 해결확인이 잘되었을 때 오히려 고객은 서비스가치를 더욱 높게 평가하게 된다. 고객의 불만과 관련된 용어를 살펴보면 다음과 같다.

① 컴플레인(Complaint) : 「불평하다, 투덜거리다, 푸념하다, 한탄하다, 불만을 털어놓다」를 의미하며, 고객서비스에서는 고객이 주관적인 평가로 불만족스러운 상품이나 서비스에 대해서 불평을 전달하는 것을 말한다.

② 클레임(Claim) : 「당연한 것으로써 권리와 유산 등을 요구(청구)하다」를 의미하며, 어느 고객이든 제기할 수 있는 객관적인 문제점에 대한 고객의 지적, 불만사항에 대한 수정사항 및 배상요구의 이미가 더해진 것이다.

1) 컴플레인의 원인

발생 원인별로 구분해보면 다음 세 가지가 있다.

① 회사 측에 책임이 있는 경우

- 판매사원의 지식 부족
- 설명의 불완전, 의사소통의 서툼
- 업무처리의 미숙, 착오
- 고객의 감정에 대한 배려 부족
- 불친절, 서비스 정신의 결여
- 교육훈련의 불철저함

② 고객 측에 잘못이 있는 경우

- 지식, 상식, 혹은 인식의 부족
- 기억착오, 과실 성급함
- 성급한 결론, 독단적인 해석
- 사정의 변화
- 감정적인 반발
- 고압적인 고집
- 고의, 악의(할인의 구실, 거래를 중단 또는 바꾸려는 심리)

③ 제3자에게 잘못이 있는 경우

- 수송의 지체
- 수송상의 손실

2) 컴플레인을 둘러싼 쌍방의 심리

① 고객의 심리

- 난처함, 문제해결에 대한 초조감
- 피해자 의식
- 불신감과 "다른 회사도 있다"는 선택의식
- 자존심을 깎이고 싶지 않다.
- 친절, 공정하게 취급받고 싶다.
- 빨리 처리해 주길 바란다.
- 규칙 또는 법률에 어둡기 때문에 불안감이 있다.
- 가족이나 주위사람들로부터 오는 압박감
- 대자본(회사)에 대한 열등감

② 상담원의 심리

- 바쁘다(귀찮다).
- 규칙이나 관례는 파손할 수 없다.
- 어느 한 고객에게만 특별취급은 안 된다.
- 업무는 정확하다.
- 만약 과실이 있다면 신용문제나 회사의 책임문제로까지 미칠까 두렵다.
- 소속된 전문가라는 우월감이 있다.

③ 불만처리시의 금기 사항

- 고객과 같은 편이 되어서 회사를 비난하지 말 것
- "전에는 이런 클레임이 있었습니다만"이라고 하지 말 것
- 눈살을 찌푸리거나 해결에 머뭇거리지 말 것
- 상담원의 독단으로 처리함으로서 오히려 문제를 크게 확대시키지 말 것

4) 불만고객의 재 거래율

① 최초의 불만고객 100명의 이야기를 듣고 그들의 주위사람 900~1,000명이 어느 회사의 제품이나 서비스에 무언가 문제기 있다는 인식을 갖게 되며 그중

260명 정도는 그러한 문제에 대해 자세히 알게 됨으로서 그 회사와 거래하지 않도록 은연중 설득한다.

② 불만을 회사에 이야기한 사람(4%)은 설사 그 불만이 납득할 만큼 해결되지 않았다 하더라도 아무런 이야기도 하지 않는 사람(96%)보다 그 회사와 다시 거래하는 경향이 많다.

③ 설사 불만을 회사에 표시하지 않는 사람도 당분간 그 회사와 거래를 지속할 수밖에 없을지라도 그 불만이 어느 정도를 넘게 되면 슬그머니 다른 경쟁회사로 거래를 옮기고 만다는 것이다.

④ 불만을 표시한 고객 중 54~75%는 그 불만이 해결되면 다시 그 회사와 거래하며, 불만이 신속하게 해결되었다고 느끼는 경우에는 그 비율이 95%까지 올라간다. 또 그 불만이 만족할 만큼 해결되면 자기가 받은 대접에 대해 5~10명에게 이야기한다.

⑤ 어느 회사에 불만을 가진 경우 일반적으로 그러한 불만을 10명의 다른 사람들에게 이야기 한다. 그중 회사와 타협이 이루어지지 않는 사람의 13명은 20명이상의 다른 사람에게 자세히 이야기 한다.

5) 컴플레인 처리 시 마음가짐

컴플레인 처리 시에는 고장 또는 품질불량이라고 하는 "상품 그 자체"에 대한 것과 상품에 관한 기대에 어긋났다고 하는 사용자의 "기분" 등 두 가지 모두 해결이 되어야 한다.

즉 상대의 마음 즉 감정의 처리를 제대로 못한 채 "상품자체"에 해결을 하려고만 하면 오히려 문제를 더욱 복잡하게 만들 수 있다. 따라서 "상품자체" 해결에 앞서 "고객의 기분"을 먼저 잘 다독거릴 수 있어야 한다.

① 기본적인 마음자세

신속한 처리와 성실과 감사를 들 수가 있다. 감정적인 처리에 대해서는 성의보다 나은 무기가 없는 것이다. 또한 "상품자체" 처리에서는 과학적인 해결방법을 기본으로 해야 할 것이다.

② 컴플레인 처리의 유의점

- 겸손한 자세를 취한다.
- 맞장구를 치면서 긍정적으로 답한다.
- 논쟁 변명을 하지 않는다.
- 고객의 입장에서 설명하고 공손한 자세로 임한다.
- 감정적으로 하지 말고 냉정하게 한발 물러서서 한다.
- 잘못했을 때 솔직히 사과한다.
- 설명은 사실을 중심으로 명확하게 한다.
- 신속 정확하게 처리하는 것은 화를 복으로 바꾸는 결과가 된다.
- 고객의 자존심에 상처를 주지 않는다.

③ 컴플레인 처리의 3변 주의

컴플레인 발생 시 자기 혼자서 해결하려 하지 말고 상사나 선배에게 인계하여 해결토록 하면 좋은 결과를 얻을 수가 있고 장소나 시간을 아낌으로써 원만한 해결을 볼 수가 있다.

이와 같이 사람, 장소, 시간을 바꾸어 컴플레인을 처리하는 방법을 3변 주의라고 한다.

- 사람을 바꾼다.
  - 사원 → 관리자(상사)
  - 신입사원 → 선배사원
- 장소를 바꾼다.
  - 서서 이야기를 하는 것에서 앉게 해서 진정시킨다.
  - 경우에 따라서 고객을 혼자 있게 해서 냉각기간을 둔다.
  - 매장에서 사무실이나 응접실로 안내한다.
- 시간을 바꾼다.
  - 즉각적인 답을 피하고 냉각기간을 둔다.
  - 고객에게 꼭 중간보고를 한다.

6) 컴플레인 처리 5단계

고객이 이야기를 하고 있는 도중에 고객의 말을 가로막아서는 안된다. 또 고객보다 목소리를 낮게 하여 고객의 흥분을 진정시키도록 하며, 고객이 잘못 하였더라도 고객이 빠져나갈 길을 터놓고 자존심을 상하지 않게 한다.

① 1단계: 듣기

먼저 "죄송합니다"라고 말한 뒤 고객의 불만을 끝까지 듣는다. 이때 선입관을 버리고 자신의 의견을 개입시키지 않고 전체적인 사항을 듣고 중요사항을 메모한다.

② 2단계: 원인 분석

고객 불만의 원인을 분석, 주원인과 부수 원인으로 분리하여 대비책을 마련한다.

③ 3단계: 해결책 검토

해결책을 검토할 때 자기의 권한 내인지 권한 밖인지를 구별하여 권한 밖의 일이면 상사에게 보고하고 신속히 해결책을 마련한다.

④ 4단계: 해결책 제시

고객에게 해결책을 제시하고 권한 이외의 것은 설명하면서 양해를 구한다.

⑤ 5단계: 재발방지

처리결과는 항상 6하 원칙(누가, 시간, 장소, 내용, 왜, 처리방법)으로 자료화하고 고객의 반응을 조사하여 재발을 방지한다.

7) 컴플레인 상담의 원칙

① 고객의 입장에서 생각하라. EMPATHY

고객의 입장이나 상황에서 감정이입을 한 후 어떤 대접을 받기를 원하는지 무슨 말을 듣고 싶은지 생각한다. 일단 클레임을 제기하기 위한 고객의 경우 대부분이 한 가지 이상의 입장만을 고집하다가 문제가 더 커지는 경우가 종종 있다. 따라서 고객의 입장에서 고객을 위한 방향으로 상담을 진행한다.

② 관점을 표명하여 고객의 마음을 먼저 달래 주어라. SOOTHE

"고객님께서 왜 화가 나셨는지 이해가 됩니다. 정말 저라도 화가 나겠군요" 라고 손님의 입장에 공감을 표시하여 손님의 마음을 풀어준다면 상담을 원활하게 이끌어 나갈 수 있다.

③ 회사의 규정을 먼저 설명하려 하지 마라. NO EXPLAIN

화가 난 것은 감정적인 것이므로 논리적으로 대응해서는 안 된다. 규정이나 기준을 성명하려다 보면 고객의 감정을 더 격앙 시키는 경우가 있다. 따라서 고객의 이야기를 충분히 경청한 후에 양해를 구하는 형태를 취한다.

④ 상담자 개인감정을 드러내지 마라. NO EXPOSE

불만을 표현하는 고객은 회사의 규정이나 운영 시스템에 불만을 제기하는 것이지 상담자 개인에게 화를 내는 것이 아니다. 따라서 고객의 반말이나 높은 언성, 행동 등에 화를 내거나 개인적인 말을 해서는 안 된다.

⑤ 고객의 가치관을 바꾸려 하지 마라. NO PERSUADE

고객에게 훈계를 하거나 고객의 가치관이나 생각과 반대되는 기준을 이해 또는 설득 시키려한다면 오히려 고객은 마음의 문을 닫게 된다.

제5절 스크립트 활용

1. 스크립트(Script)의 정의

스크립트(Script)란 텔레마케팅을 실시하는 데 있어서 텔레마케터와 고객과의 대화를 부드럽게 대화를 부드럽게 진행시키기 위한 지침이 되는 「대화대본」이라고 할 수 있다. 스크립트(Script)는 고객의 니즈를 파악하여 일관된 흐름에 따라 대화가 진행되어야 한다. 이런 스크립트(Script)를 효과적으로 작성하기 위해서는 어떤 고객을 대상으로, 어떤 상품을 판매 할 것인지를 정해야 한다. 또한 그에 따른 적절한 화법이나 상담 흐름에 맞춘 정형화된 형식을 필요로 할 것이다. 이상적인 스크립트(Script)를 작성하는 것이 아니라 고객을 위해 우리가 할 수 있는 것을 최대한 알려 줄 수 있는 마음가짐이 필요하다.

2. 스크립트(Script) 활용의 목적 및 기대효과

1) 스크립트(Script) 활용의 목적

- 텔레마케터가 CALL의 최종목적이나 목표를 간과해 버리지 않기 위한 지침으로 한다.
- 거부를 방지하고, 무리 없는 부드러운 회화의 흐름을 지도한다.
- 최초 근무자의 두려움을 제거한다.
- 매너리즘을 방지할 수 있다.
- 일의 순서를 명확히 정립할 수 있다.
- 고객상담기술의 발전을 꾀할 수 있다.
- 주기적인 점검에 의해 개인의 업무 향상에 기여할 수 있다.
- 새로운 업무 형태에 있어서 적용이 용이하다.
- 관리자의 지침 하달이 용이하다.
- 고객응대의 기본지침으로 활용이 용이하다.
- 고객상담의 균질화와 텔레마케터의 레벨을 일정 수준 이상으로 유지한다.

2) 스크립트(Script) 활용의 기대효과

① 상담원에게 자신감을 심어준다.
- 고객과의 상담업무에 대한 체계적인 환경을 구축해줌으로써 상담원들에게 자신감을 심어준다. 또 고객을 좀 더 용이하게 응대하고 설득할 수 있는 능력을 향상시켜준다.

② 고객에게 원활한 서비스 제공이 가능하다.
- 고객에게 자주 듣는 질문의 경우 미리 답변을 준비함으로써 원활한 서비

스제공이 가능하게 한다.

③ 신뢰감 있는 서비스 제공과 상담원의 생산성 향상이 가능하다.

- 통화의 순서와 내용을 표준화함으로써 고객으로 하여금 필요한 모든 정보를 제공하고 있음을 확인시킬 수 있어 고객에게 신뢰감 있는 서비스를 제공할 수 있다. 또 표준화된 상담의 순서와 내용으로 통화시간을 단축시킬 수 있어 상담원의 생산성 향상을 기대할 수 있다.

④ 업무 교육에 대한 보완이 가능하다.

- 교육에서 충분하게 숙지시키지 못했던 부분의 보완이 가능하다.

⑤ 통화품질을 향상시킬 수 있다.

3. 스크립트의 구성 요소

1) 도입

도입 단계에서 중요한 것은 첫인사이다. 사람을 만날 때 첫인상이 중요한 것처럼 전화로 사람을 만날 때도 가장 먼저 들리는 것이 첫인사이기 때문이다. 많은 회사들이 이에 강렬한 인상을 남길 수 있는 첫인사 어구로 고민하는 경우가 많은 것은 바로 이 때문이다. 몇 가지 예를 들면 00은행에서는 “힘이 되어 드리겠습니다. 00은행 000입니다”, 00은행은 “크게 모시겠습니다. 00은행 000입니다.”라는 인사말을 사용하기도 하였다. 따라서 콜센터에서도 자사에 맞는 첫인사를 개발하여 활용하는 것이 바람직하다.

2) 본론(Main Talk)

본론에서는 본격적인 상담이 이루어진다. 인바운드의 경우라면 고객의 문의나 요구사항에 대하여 정확히 파악하여 처리해줄 수 있는 내용으로 구성해야 한다. 아웃바운드의 경우는 상담원이 고객에게 전화를 건 목적에 알맞게 설명·설득 등의 내용으로 이루어진다. 즉 상품이나 서비스 판매가 목적이라면 그에 대한 정보를 제공하고, 여론조사가 목적이라면 조사의 내용으로 이루어진다. 그리고 어떤 정보를 알리기 위한 통지나 공지가 목적이라면 그 줄거리를 설명하는 내용이 이어진다.

3) 종결

종결부분에서는 상품에 대한 설명을 마무리 하면서 만약 상품을 선택했다면 그 상품선택에 대한 자신감을 다시 한 번 고객에게 확신시켜 주는 것이 중요하다. 고객은 자신의 구매가 이루어졌을 때 자신의 선택이 과연 이성적인 것이었나를 고민하게 된다. 이때 텔레마케터는 바로 이런 고객에게 선택이 이성적이었다는 확신을 주는 역할을 해야 한다. 이러한 방법으로 고객의 마음을 사로잡는다면 후에 발행할 수 있는 상품을 교환하거나 바꾸고 싶다는 마음이 줄어들 것이다. 이에 텔레마케터들은 상품 구매가 끝난 다음날은 반드시 구매고객에게 Thanks Call을 해줄 필요가 있다. 이를 계기로 고객은 다시 한 번 그 상품에 대한 사용 기억을 떠올리게 될 것이고, 만약 그 기억이 즐거웠던 기억이라면 상품은 물론 상담원에 대한 태도도 이 예전과는 많이 달라져 있을 것이다. 이를 통해 우리는 이 고객에게 앞으로 더 많은 상품을 소개할 수 있을 것이며 고객은 기업의 상품과 상담원에게 호감을 갖는 고객이 될 수 있을 것이다.

4. 스크립트 작성법

1) 스크립트 작성 원칙

- 알기 쉽게 : Clear
- 간결, 명료하게 : Concise
- 납득, 설득 가능하게 : Convicting
- 유연하고, 자연스럽게 : Conversational
- 고객중심으로 만들어야 한다 : Customer Oriented

2) 스크립트 작성 방법

- 텔레마케팅 실시의 목적과 방향이 반영되어야 한다.
- 얻고자 하는 결과를 명시한다.
- 표현을 적절히 구사한다.
- 사용방법을 명시한다.
- 테스트 고객상담을 실시한다.

3) 스크립트 종류

- 요약식
- 서술식
- 혼합식

4) 작성순서

① 실시 목적, 목표 설정
② 실시 형태구분(인 바운드 OR 아웃바운드)
③ 시시대상 선정
④ 구성요소 파악(기본문, 데이터시트, Q&A등)
⑤ 고객에게 접근할 수 있는 용어 사용여부
⑥ 역할연기에 의한 분석과 평가
⑦ 스크립트 완성

5) 스크립트 작성 시 주의 사항

① 전문 용어보다는 눈높이 표현

누구나 쉽게 이해할 수 있는 표현을 선택한다. 고객은 전문가가 아닐 수 있다는 점을 명심하고, 일반적으로 널리 쓰이는 언어표현으로 상담을 진행하도록 한다.

② 흥미 유발과 친밀감 형성

고객은 관심을 끌 수 있는 이점 위주로 작성하여 흥미를 유발할 수 있도록 한다. 이때 고객의 연령과 직업 등을 고려한 언어 표현을 구사하는 것이 중요하다.

③ 일관적이고 논리적인 표현

상담 흐름 전체가 논리적으로 진행되어야 한다. 스크립트를 활용한 일관성 유지와 논리적인 언어 표현은 고객에게 신뢰감을 준다.

④ 간결하고 명료한 표현

장황한 장문이 아니라 핵심 내용만으로 구성한다. 애매모호한 표현보다는 구체적인 표현을 사용한다.

⑤ 예상 반론에 대한 충분한 자료 준비

상담 중에 나타날 수 있는 상황들에 대한 Q&A를 작성하여 충분한 훈련을 실시한다.

⑥ 감사인사와 상담원 인식시키기

고객의 선택에 대한 감사 인사를 잊지 않는다. 상담원 실명제를 통한 신뢰를 구축한다.

5. 스크립트 작성 실무

1) 인바운드 상담 스크립트

인바운드 상담은 고객으로부터의 전화를 수신하는 타입의 텔레마케팅이고 정형 스크립트 패턴을 만드는 것은 매우 어려운 일이다.

전화를 걸어 온 고객이 무엇을 말할 것인지 예상할 수 없는 고객주도형이기 때문이다. 따라서 인바운드 콜센터에서는 <전화수주>나 <자료, 샘플청구>등의 단일 목적인 경우를 빼고는, 스크립트보다 Q&A나 대응매뉴얼의 활용이 더 많다.

인바운드는 고객이 반드시 무언가 필요하고 궁금해서 전화를 해 오는 것이기 때문에, 상품의 판매나 수주에 연결시키는 것이 비교적 용이하다는 것도 특징이다. 따라서 스크립트 상에서 어떻게 유도해 가는가가 포인트가 된다.

더욱이 스크립트나 매뉴얼을 기초로 한 정확한 대응에 따라, 기업의 IMAGE

UP이나 고객만족의 향상에도 크게 공헌할 수 있다.

인바운드 텔레마케팅은 고객으로부터의 CALL 내용에 맞추어 꽤 유연한 대응이 요구되는 업무라고 할 수 있다.

따라서 스크립트도 하나의 패턴뿐만이 아니라, 문의, 고충 등 목적에 맞는 여러 종류의 스크립트나 될 수 있는 한 많은 Q&A를 준비하여, 대응매뉴얼로서 충실하게 해두는 것이 중요하게 된다.

(1) 인바운드 상담 스크립트 구성요소

① 도입부 인사 : 인사말, 소속, 이름을 밝힌다.
② 상대의 확인 : 전화를 걸어온 상대를 확인한다.
③ 상황의 파악 : 상대의 제의, 의향, 용건, 내용 등의 상황을 판단한다.
④ 수부, 응대 : 수주처리, 문의, 상담, 자료청구처리, 고충처리를 행하는 부분이다.
⑤ MAIN TALK : 전화내용에 대해서 이쪽에서 회답이나 처리 방법을 행하는 부분이다.
⑥ 내용의 재확인 : 처리내용을 복창한다.
⑦ CLOSING : 답례 및 끝인사를 실시한다.

(2) 인바운드 상담 스크립트 작성 사례

◑ 설　　정 ◑

- 카다로그 통신판매에 대한 주문접수의 경우 (B tTO C)
- 상품정보를 가득 실은 카탈로그를 배포하고, 고객으로부터의 주문 전화를 받아 처리하는 업무이다.
- 여기에서는 고객의 DB, 상품DB가 정비된 것을 전제로 하고 있다.

《 도입부 》

[감사합니다. (소속) OOO 입니다.]

[0페이지에 실려 있는 00를 갖고 싶습니다만...]

[00말씀이시군요. 제가 주문을 도와드리겠습니다. 고객님의 전화번호와 성함을 부탁드립니다.]

* 고객의 전화번호 또는 성명으로 DB를 검색한다.

[번거로우시겠지만, 상품번호를 말씀해주시겠습니까.]
* 상품번호로 DB를 검색하고, 상품을 확인한다.
[실례합니다만 처음으로 이용하시는 겁니까?]
* 구매력의 유무를 확인하고, 첫 이용이라면 신규 데이터를 작성한다.
≪체크 1≫ : 구입이력에 따라 고객과의 커뮤니케이션을 심도 있게 행한다.
[저번에 구입하신 00은 어떠십니까?]

《 상품의 주문접수 》

[주문상품은, 00(상품명)로군요. 색은…, 사이즈는 00과 00가 있습니다만, 어느 쪽으로 하시겠습니까? 하나로 되시겠습니까?]
≪체크 2≫ : 확인사항(상품데이타베이스)
a. 상품번호 및 상품명
b. 색, 사이즈, 형식, 수량 -- (하나씩 순서대로 확인할 것)
c. 상품재고 체크 --(재고가 있는지 어떤지 확인한다)
≪체크 3≫ : 상품의 재고가 떨어진 경우는 입하시기를 체크한다.
[이 상품은, 고객에게 도착하는 시간이 보통보다 좀 늦어지겠습니다만, 괜찮으시겠습니까?]
[도착이 00일경이 되겠습니다만, 괜찮으시겠습니까?]
≪체크 4≫ : 구입의지가 명확하지 않고, 상품에 관한 질문이나 설명을 요구 하는 경우는, 상품의 기능설명보다. 고객의 입장에 서서 구입할 때의 장점을 명확히 설명할 수 있도록 한다.
[이 상품은 크기가 작게 잘 나와서 공간을 많이 차지하지 않습니다.]
[보증기간이 00년이기 때문에 안심하실 수 있습니다.]

《 CROSS SELLING 》

[다른 것은 주문하실 것이 없으십니까?]
≪체크 5≫ : 다른 주문이 없는 경우라도 가능하다면 관련 상품을 권한다.
[이런 수트라면 00블라우스도 잘 어울려서 같이 구매하시는 고객님들도 있습니다.]

《 주문내용의 복창 》

[그러면 한 번 더 확인하겠습니다. …]

* 상품, 주문 수, 금액 등을 복창. 확인한다.

[합계금액은 00원이 됩니다. 부가세는 별도로 되어 있으니 합계 00원이 됩니다. 지불방법은 국민카드로 되어 있습니다만, 괜찮으시겠습니까?]

《 배송일 등의 확인 》

[도착은 12월 14일 금요일이후가 됩니다만, 혹시 희망하시는 날짜가 있으십니까?]

[도착처는 송파구 풍납1동 178-1 동아아파트 101동으로 되어 있습니다만, 맞습니까?]

≪체크 6≫ : 확인사항(고객 DATABASE)

a. 합계금액, 지불방법(대금상환, 은행불입, 카드결재 등)

b. 배송요망일의 유무, 배송처.

《 종결 》

[주문 감사합니다. 궁금하신 사항이 있으시면 언제든지 전화 주십시오, 저는 <소속> 이었습니다.]

2) 아웃바운드 상담 스크립트

아웃바운드 상담은 고객에게 전화를 거는 타입의 텔레마케팅이다.

아웃바운드의 경우는, B TO B도 B TO C도 기본적으로는 <발신처 주도형> 이라는 것으로부터 대화의 진행이나 말의 선택 하나로 판매나 수주로 연결시킬 수 있는가 어떤가가 정해진다. 또, 어느 정도 자유로운 구성으로 스크립트를 작성하는 것이 가능하고, 그 어플리케이션도 인바운드에 따라 훨씬 광범위한 것이 특징이다.

(1) 아웃바운드 상담 스크립트 구성요소

① 도입부 인사 : 인사말, 소속, 자신의 이름을 밝힌다.

② 상대의 확인 : 고객의 이름과 본인인지 확인한다.

③ 전화건 목적 설명 : 전화를 건 목적에 대해서 간단하게 설명한다.
④ 상대의 양해 : 얘기를 할 수 있는지 없는지 양해를 얻는 부분이다.
⑤ MAIN TALK : 약속, 상품설명, 고지, 홍보, 조사 등 본제를 제시하는 부분이다.
⑥ 상황의 파악 : 질문사항에 대하여 문제점이나 가망순위 등 상대의 상황을 파악한다.
⑦ 약속의 성립 : 상대의 상황에 맞추어 방문 약속을 정한다.
⑧ CLOSING : 약속내용의 복창, 확인, 답례, 끝인사를 말한다.

(2) 아웃바운드 상담 스크립트 작성 사례

◑ 설　　정 ◐

- DM PRE CALL (B TO B)
- 사전에 DM을 발송하는 것을 고지한다.
- 개봉률을 높이기 위해서 행하는 CALL이다.
- 자사상품의 팸플릿을 특정 업계 기업에 발송하기 전에 PRE CALL에 의해 상대기업 담당자를 찾아 양해와 개봉촉진을 재촉.

《 도입부 인사 》

[안녕하십니까. 저는 000(소속)의 000라고 합니다. 죄송합니다만, 00부 00담당자분을 부탁드립니다.]

≪체크 1≫ : 자사상품의 내용에 따라, 미리 상대기업의 담당부서를 어느 정도 정해 둔다.

[---담당 책임자분을 부탁드립니다만…]

[--부 --담당자 분을 부탁드립니다만…]

《 목적. 취지 설명 》

* 전화를 건 목적을 설명한다.

[저는 --주식회사의 --라고 합니다. 바쁘신 중에 죄송합니다만, 오늘은 귀사의 담당자 분에게, --안내자료를 보내드리고 싶어 전화를 드렸습니다만, 어느 분께 보내 드리면 될까요?]

* 이 경우, 전화접수 담당자의 반응은 다음과 같은 케이스를 상정할 수 있다.

⊙ --로 보내 주십시오. : [고맙습니다. --씨의 성함과 직함을 부탁 드려도 될까요?]

⊙ 회사 앞. 부서 앞으로 보내 주십시오. : [알겠습니다] (송부처를 확인)

⊙ 담당자를 바꿔 드리겠습니다. : [담당자에게 다시 설명한다.]

⊙ 무슨 자료입니까? : [송부자료의 내용을 설명한다.(Q & A)]

⊙ 흥미없다, 바쁘다. : [우선, 자료만이라도 보내드리고 싶은데 어떠십니까?]

≪체크 2≫ : <흥미없다> <바쁘다>라고 한 고객에 대해서, 또 DM을 송부하는 것만을 의뢰했는데도 거부당한 경우.

[실례했습니다. 00(상품명)외에도, …등도 취급하고 있으니 무슨 일이 있으시면 잘 부탁드립니다.]

≪ 담당자와의 접촉 (본인에의 인사 및 취지 설명) ≫

[--씨 이십니까? 저는 00주식회사의 00라고 합니다.

바쁘신 중에 죄송합니다. 저희들은 --(상품명)을 취급하고 있는데, 이번에 업계 여러분에게 널리 알리기 위해, --안내자료를 보내드리려고 합니다만, 괜찮으시겠습니까?]

⊙ 보내 주십시오 : [고맙습니다.] (송부처를 읽어 확인)

⊙ 어떤 내용? : [간단한 상품설명을 한다] (Q & A)

⊙ 흥미 없다, 바쁘다: [우선 자료만이라도 받아보시는 게 어떻습니까?]

a. 그럼 보내 주십시오 : [고맙습니다.] (송부처를 확인)

b. 필요없다, 거부 : [실례했습니다.…]

≪체크 3≫ : 상품내용에 대해서 설명을 요구하는 경우는, 그 상품의 포인트에 대해서 간단명료하게 설명한다.

a. 상품의 SALES POINT(=BUYING POINT)

b. 구입 후 상대기업에게 어떤 메리트가 있는지 설명한다.
(편리성. 효율화. 기계화 등)

c. 타사상품과의 차이 (우위성) 등.

≪체크 4≫ : 상대의 흥미를 끄는 어프로치로서는, 상품의 기능설명 그 자체 보다 상대기업의 메리트나 문제점, 과제에 관련된 것 같은 화제에

대해서 묻는 것이 효과적이다.
[대폭적인 경비절감에 대해서 흥미는 없으십니까?]
[업무의 효율화에 대해서 흥미는 없으십니까?]

《 송부처 확인과 인사 (송부처에 변경이 없는가 확인) 》
[주소는 --가 맞습니까? (확인 후)그러면, 곧 자료를 보내드리겠으니 잘 부탁드립니다. 바쁘신 중에 시간내 주셔서 감사합니다.]

⊙ 기업에 대한 DM송부의 경우, 보낼 곳의 담당자 이름을 명기하면 개봉율이 높아진다.
⊙ DM전 PRE CALL은, 읽히지 않고 쓸모없이 쓰레기통에 버려져 버리는 MAIL(JUNK MAIL)을 최소한으로 하고, DM경비를 절감할 수 있을 뿐만 아니라, 발송리스트의 CLEANING이나 영업FOLLOW에 도움이 되는 가망고객의 등급 정하기 등의 LIST SCREENING을 동시에 행하게도 된다.
⊙ DM송부후의 DM AFTER CALL을 병용해서 효과를 높이는 것이 중요하다.

6. 스크립트 테스트 및 수정 보완

1) 스크립트 테스트

작성한 스크립트를 기초로 하여 가공의 전화응대를 상정해가면서 맨투맨으로 실제 연습을 하는 것을 말한다. 역할연기는 대본의 문제점을 추출해 낼 뿐 아니라 텔레마케팅의 대화연습을 행하는 것을 목적으로 한다.

테스트 고객응대를 실시하는 목적은 텔레마케팅에서 전체적으로 보면 다음과 같은 시점에서 볼 수 있다.

① 스크립트의 내용에 문제가 없는가를 검증한다.
② 스크립트 훈련에 목적을 둔다.
③ 효율적인 고객응대체제를 검토한다.
④ 리스트의 신뢰성을 검토한다.
⑤ 시스템 전체의 문제점을 추출한다.

(1) 인바운드 상담 스크립트 테스트

♧ 인바운드의 대본에서는 고객의 의문이나 질문에 대해서 정확하고 신속하게 대응하는 것이 중요하다.

♧ 일원화된 소비자 대응창구 수발 주 창구의 경우에는 고객이 무엇을 물어올지 예상할 수 없으므로 가능한 한 대응매뉴얼이나 Q&A 위주의 응대매뉴얼을 활용하는 게 효과적이다.

♧ 테스트 포인트

- 상대에게 신뢰감, 설득감이 있는 내용이어야 한다.
- 업무의 처리 효율을 보다 좋게 하는 표현이어야 한다.

(2) 아웃바운드 상담 스크립트 테스트

♧ 아웃바운드의 대본을 작성할 경우에는 실제로 접근하는 상대에 맞춘 메세지를 일관된 이야기에 따라 윤리적인 흐름으로 조직되어야 한다.

♧ 상대에게 신뢰감을 주기위해서는 경쟁사, 혹은 외국기업사 등의 비교 가능 상대제품에 대해서 설명이 있어야 한다.

♧ 테스트 포인트

- 상대에게 신뢰감을 줄 수 있는 내용이어야 한다.
- 설득력 있는 내용이어야 한다.
- 알기 쉬운 내용이어야 한다.
- 상대에 흥미나 관심을 끄는 내용이어야 한다.

2) 스크립트 수정 · 보완 판정 기준

① 대화의 내용에 무리는 없는가?

② 전화를 받는 쪽에서 흥미를 유발시킬 내용이 들어 있는가?

③ 도중에 회답 거부를 일으키지 않는가?

④ 전문용어, 업계용어를 사용하지 않는가?

⑤ 상대에게 전달할 정보는 빠지지 않았는가?

⑥ 쓸데없는 정보는 삽입되지 않았는가?

⑦ 대화의 내용이 너무 길지 않는가?

⑧ 상대의 반응의 상정이 틀리지는 않는가?
⑨ 불규칙한 의문, 질문사항에 대해서 Q&A대본으로 처리 했는가?

또 고객의 클레임에 의해 대본의 부적절한 부분이 발견되면 곧 그 부분을 수정해야 한다. 앞의 대본의 수정 판정기준에 의해서 중요한 내용의 사례를 구체적으로 하여 수정한다.

제6절 데이터시트(DATE sheet)

1. 데이터시트의 역할

1) 고객과의 대응내용이나 결과의 정확한 기록

누가 언제, 누구와 어떤 얘기를 하고, 그 결과가 어떠했는가하는 말하자면, "5W1H"를 정확히 기록하여 남겨둔다. 이것은 그대로 상담이력이나 접촉이력이 되어, 고객과의 재응대 시 데이터로서 활용할 수 있다.

2) 효과적인 결과 집계 및 파일링

특히 시스템화 되어 있지 않은 센터에 있어서는, 콜 완료후의 일별집계나 업무종료후의 파일링을 부드럽게 행할 수 있다.

3) 고객정보의 피드백과 활용

개개의 획득데이터를 분류하고, 유효정보만을 관련부서에 확실히 피드백하기 위한 자료가 된다.

2. 데이터시트 작성상의 포인트

1) 스크립트의 흐름에 따라 스크립트와 호응될 것

스크립트와 제시되어 있는 대화의 흐름과, 각각의 설문에 대한 고객의 회답이나 반응의 기입은 동시에 진행되기 때문에, 데이터시트는 반드시 대화의 흐름에 따라 순차적으로 회답을 기업할 수 있는 것이 아니면 안 된다.

2) 문자나 문장의 기입작업은 될 수 있는 한 생략할 것

상담원이 고객과의 대화에 집중할 수 있도록 고객의 회답이나 반응에 따라 몇 개의 선택지 중에서 o.x 표 형식으로 하는 것이 좋다.

3) 반드시(코멘트란)을 설치해 둘 것

회답란의 기입항목이외에, 고객과의 대화중에 반드시 필요하다고 생각되는 정보면 반드시 코멘트란에 기입해 두는 것이다.

4) 데이터시트는 (개별장표)로 해서 준비해 둘 것

상담원 양면대응이 아닌 경우는, 고객별로 1장씩 개별장표로 해 두면 콜효과를 집계할 때에 집계가 효과적으로 된다.

5) 상담원 이외의 제3자가 보더라도 알기 쉽게 해 둘 것

데이터시트는 각각이 고객으로부터 얻은 정보를 관련부서나 그룹기업에 확실히 피드백하기 위한 귀중한 자료가 된다. 따라서 고객과의 응대상황이나 응대결과를 누구라도 알 수 있는 포맷으로 해 두어야 한다.

3. 데이터시트의 구성과 작성방법

1) 오퍼레이션상황의 기록란

① 고객정보의 기입란

고객의 이름, 전화번호, 그 외의 필요에 따라 주소나 연령 등의 고객속성 데이터를 기업해 두는 란이다.

누구에게(어느 회사에), 어느 전화번호 Call하는가를 보기 쉽게 해 둘 것.

리스트수가 많은 경우는 옮겨 쓰는 것보다도 종이리스트를 그대로 "오려붙이는" 쪽이 효과적인 경우가 있다.

② 응대상황의 기입란

응대일시, 응대상대, 담당 상담원 이름, 연락명, 응대결과 등을 기입하는 란이다.

언제, 누구, 누구와 응대를 하고, 그 결과 어떻게 되었는가를 명확히 해 둔다. 1~2회의 Call로 부재중이었던 경우에, 날짜나 시간대를 변경하여 재콜하기 위한 기준으로 한다.

<표 5-3> 기입란 형식 예시

응 대 일 시		응대상대	담당 상담원	연 락 란	응대결과
월 일	시	본인. 타인			완료. 부재
월 일	시	본인. 타인			완료. 부재
월 일	시	본인. 타인			완료. 부재

(연락란)은 Call이 완료되지 않은 경우의 상황을 메모하거나, 상담원끼리의 승계용 연락란으로서 그때의 응대상황을 기입한다.

(응대결과 기입란)은 Call완료후의 집계 때에 Call 결과를 일목요연하게 판별할 수 있도록 판별할 수 있도록, (완료)(미완료)(부재)(부재전언)(재콜)(거부)등 필요에 따라 파악할 수 있도록 기록해 둔다(항목이 많은 경우는 별도의 틀로서 기재해 두면 좋다).

2) 고객과의 응대내용의 기록란

① 응대내용의 기록란

고객의 반응을 기록하는 가장 중요한 부분이다.

질문항목에 대한 고객의 회답을 체크하는 란으로, 스크립트의 흐름에 따라 순차적으로 회답을 기입할 수 있는 것이 아니면 안 된다.

② 코멘트 기입란

메인이 되는 체크항목 이외에 고객으로부터의 의견이나 요망 등이 발생한 경우나, 고객의 마음에 걸리는 언동, 응대 중에 눈치 챈 점 등을 코멘트로 해서 기록해 둔다.

특별한 것이 없는 경우라도 Call완료 후, 고객과 접촉한 느낌이나 상담원의 감상을 한마디 기입해 두는 것이 바람직하다.

3) 사내연락사항의 기입란

① 사내연락란

사내관련 각 부서에로의 연락이 필요한 사항을 기입하는 란이다. 데이트시트 그 자체를 사내 장표로서 유통시키는 것을 의식할 것. 담당부서로부터 내용조회가 없도록, 알기 쉽게 기입할 수 있도록 할 것.

② 긴급연락란

고충이나 크레임 등 긴급처리가 필요하다고 생각되는 사태가 발생되는 일이 있다. 그 경우는 (긴급연락란)을 별도로 설치해서 내용을 간결히 기입한다.

어느 것이나 기입작업을 조금이라도 생략하는 의미로, 될 수 있는 한 몇 개의 선택지를 설치해 두는 것이 필요하게 된다.

제7절 Q & A

1. Q & A란

실제로 오퍼레이션을 행하는 경우 고객이 어떤 반응을 나타내는가에 따라서 유연하게 응대를 하여야 한다. 그러나 모든 상황을 스크립트에 포함하는 것은 불가능하며 텔레마케터의 스킬만으로 대응하는 것도 한계가 있다. 즉 스크립트에 포함된 일정한 울타리 안에서 사무적으로 대화를 진행하는 것만으로는 모든 고객으로부터 만족을 얻어내는 것은 곤란한 일이다. 따라서 고객으로부터 보내지는 여러 가지의 이례적인 질문이나 의문에 대하여도 임기응변한 응대가 될 수 있도록 미리 Q&A를 작성해둘 필요가 있다. 실은 스크립트와 Q&A는 차량의 양 바퀴와 같은 것으로 이 두 가지가 함께 갖추어짐으로써 비로소 효과적인 오퍼레이션을 실현할 수 있다. 또한 Q&A도 스크립트와 마찬가지로 완벽한 것은 없으며, 새로운 Q가 발생하면 그 응대방법(A)도 함께 추가되지 않으면 안 된다.

2. Q & A의 역할

1) 작성된 스크립트의 서포트

스크립트에 집어넣을 수 없는 엉뚱한 질문이나 드문 회답을 준비해 둠으로써 스크립트의 보조적인 역할을 담당한다. 또, 상담원 한 사람 한 사람이 자신을 가지고 업무에 임할 수가 있고, 회사에 대한 신뢰감을 양성, 각각의 상담원의 동기유발도 연결된다.

2) 효율적인 오퍼레이션 실현

불규칙적인 의문이나 질문에 대한 구체적인 대응책을 알려둠으로써, 간단히 회답할 수 있어 콜 시간을 절약할 수 있고, 낭비가 없는 오퍼레이션의 전개를 꾀할 수 있다.

3) 고객서비스 기업이미지의 향상

고객으로부터의 의문이나 질문에 대해서 그 자리에서 정확한 회답을 함으로써, 고객의 신뢰감을 높이고, 결과적으로 고객만족이나 고객서비스의 향상의 기업의 이미지 향상에 공헌할 수 있다.

3. Q & A의 작성순서와 유의점

1) (Q)의 상정을 한다.

다수의 (Q)를 써 놓는다. 우선 고객의 입장에 서서, 자사의 상품이나 서비스를 객관적으로 보면서, 생각할 수 있는 한도의 모든 (Q)를 상정해 본다. 또 분야별로 (Q)를 분류해서 상담원의 검색이 쉽게 종류별로 정리한다.

2) (A)를 생각한다.

각각의 (Q)에 대해서, 정확 또는 단적인 회답방법을 채워간다. 이 회답화법을 생각할 때에도 고객에 입장에 서서 생각하고, 알기 쉽게 또는 납득할 수 있는 회답내용이 아니면 안 된다.

관련 섹션에 모범회답 예를 마련해 둔다.

- 사내관련부서에 (Q)를 돌리고, 정확한 회답방법을 기입해 두는 일도 있다.
- 이 경우 별도 섹션의 담당자로부터의 모범회답은 카탈로그나 매뉴얼에서 그대로 가지고 온 것 같은 문장이 되는 경우가 많다. 이러한 "문어체"는 반드시 "구어체"로 바꾸어 쓸 것.
- 회답예의 확인: 다른 섹션에서 모범회답을 받은 경우 반드시 피드백 해서 다시 재확인을 한다.

3) 작성서식을 생각한다.

검색성을 최우선으로 한다.
어디에 어떤 (Q)와 (A)가 있는가를 신속히 검색할 수 있도록 한다.
사용빈도가 높은 (Q)로부터 순차적으로 나열한다.

4) 첨가 · 수정을 한다.

- Q&A는 점점 진화한다.
- Q&A는 오퍼레이션을 진행하는 데에 따라 자꾸자꾸 증가되어 간다. 생각지도 못했던 질문이 나오거나, 스크립트로부터 동떨어진 항목도 있기 때문이다. 내용을 정비한다.
- 이용빈도가 적은 항목이나 불필요하게 된 항목은 뒷부분으로 가지고 가는데, 전체 볼륨이 지나치게 있는 경우는, 과감히 커트하는 것도 필요하다.

5) 전형적인 Q&A의 작성서식

Q	A
Q1. ························ 입니까?.	A1. ························ 입니다.

6) Q&A의 항목이 많은 경우

항목이 지나치게 많아져 수 페이지에 걸친 Q&A가 된 경우는, 상담원이 목적으로 한 회답을 즉시로 얻어낼 수 있도록, 내용별로 몇 개의 페이지로 나누어 정리하거나, 인덱스를 붙이거나 하는 창의적인 연구가 필요하게 된다. 또, 사용빈도가 낮은 항목은 과감히 삭제할 필요가 있다.

제8절 모니터링

모니터링이란 텔레마케터 같은 고객상담원이 텔레마케팅이나 고객응대 과정에서 어느 정도의 전화예절과 친절, 신속, 신뢰, 자신감, 상품 및 서비스 전달능력을 보유하고 있는지를 체크하여 고객관리 능력을 개선, 지도, 보완, 수정하기 위한 의도적인 업무절차를 말한다.

다시 말하자면 모니터 요원으로 선정된 일반인이 제품조사, 서비스실태, 직원의 고객응대 태도, 특정 분야의 시장조사 등을 파악하는 방법을 말한다.

모니터링은 텔레마케팅 슈퍼바이저 또는 매니저가 텔레마케팅 업무를 전개하는 고객상담요원을 직접 모니터링 하는 방법과, 제3자인 외부기관에 모니터링을 위탁하는 방법, 모니터 요원을 선발하여 운영하는 방법 등이 있다. 경우에 따라서는 전화를 통한 서베이도 모니터링의 제도의 한 형태로 볼 수 있다.

1. 모니터링의 목적과 활용

콜센터에서 수행하는 모니터링의 목적과 활용방안은 다음과 같다.

- 조직 전반의 품질 향상화 혁신에 대한 근거를 제공한다.
- 응대의 품질과 제공된 정보의 정확성을 측정한다.
- 콜센터 프로세스의 일관성과 효과성에 기여한다.
- 콜 계약의 형태, 팀, 그리고 센터에 걸쳐 유효한 패턴을 찾기 위해 추세조사를 할 때 데이터를 제공한다.
- 피드백에 대한 구체적인 예를 줌으로써 코칭을 지원해준다.
- 상담원에게 추가적인 훈련의 필요성을 확인시켜 준다.
- 훈련의 유효성을 평가한다.
- 고객의 필요나 기대를 찾아낸다.
- 콜센터와 전사적 관점에서 전략을 실행하도록 지원한다.
- 고객만족도를 평가한다.

- 상담원의 기능과 능력의 프로파일을 개발하는 데 도움을 준다.
- 법적 사항을 준수하게 함으로써 책임을 완화시킨다.
- 상담원으로 하여금 조지그이 정책을 따르도록 만든다.

2. 모니터링의 유형

① 고객만족도(customer satisfaction index)조사

콜센터 자체적으로 이용고객에 대해 아웃바운드 또는 설문지를 통해 실시하기도 하며, 객관적인 판단이 필요한 경우 외부 전문기관에 의뢰하여 실시하기도 한다.

② 미스터리 통화 모니터링(monitoring by mystery calling)

콜센터 내 상담품질 관리자 또는 전문 외부기관에서 고객으로 가장하여 상담원과 통화하는 방법이다. 이는 더욱 객관적인 평가가 가능하며 업무지식과 상담스킬 향상에 도움이 된다. 시간, 요일, 집중기, 한가할 때 등 다양한 시간대를 정하여 전체 콜의 대표성을 가질 수 있도록 하는 것이 중요하다.

③ 원격 모니터링(remote/silent monitoring)

실시간 모니터링의 한 방법이며 슈퍼바이저 또는 Q&A담당자가 상담원과 떨어진 거리에서 실행되는 방법이다. 장점으로는 상담원이 모니터의 여부를 모르기 때문에 고객과 상담원 사이의 상호작용을 관찰할 수 있으며, 콜센터 내 어디서나 다양한 방법으로 행해질 수 있다. 단점으로는 상담원에게 즉각적인 피드백이 어렵고 평가자가 콜을 대기하는 비생산적인 시간이 생길 수 있다.

④ 실시간 모니터링(side by side monitoring)

평가자가 상담원 근처에서 실시간으로 모니터링 하는 방식으로 상담원이 콜 응대를 할 때 보여주는 행동이나 습관도 관찰할 수 있다. 그러나 상담원이 제약을 받는다고 느끼게 될 경우 자연스럽고 편안하게 콜을 처리하지 못하게 되며, 상담원이 가장 좋은 모습을 보여주려 하기 때문에 측정된 성과가 평소의 업무태도가 아닐 수 있다.

⑤ 녹취 모니터링(call recording/call taping)

콜센터에서 가장 선호하는 방식으로 녹취프로그램을 이용하여 콜을 녹음 후 자유롭게 선택하여 듣고 평가·피드백 하는 방법이다. 장점으로는 짧은 시간 안에 많은 콜 모니터링이 가능하여 인건비 등 비용감소 효과가 탁월하다. 또 상담원은 평가된 자신의 콜을 확인할 수 있어 스스로의 콜 처리에 대해 평가할 수 있다. 단점으로는 상담원에게 즉각적인 피드백이 어렵다는 점이다.

⑥ 동료 모니터링(peer monitoring)

동료 상담원이 다른 상담원의 콜을 모니터링하는 방법이다. 장점으로는 동료간의 통화품질에 대한 공감대 형성과 친밀감과 팀웍을 도모할 수 있다. 단점으로는 동료간에 감시자의 역할로 생각하게 되어 팀웍을 깨트릴 수 있다.

⑦ 자가모니터링(self monitoring)

본인이 직접 본인의 콜을 모니터링 하는 방법이다. 전문가의 피드백이 병행되면 자신 스스로 문제점을 평가할 수 있고, 이를 통해 높은 교육효과를 발휘할 수 있다. 부진자에게 가장 적합한 모니터링이지만, 콜 분석이 미흡한 신규사원에게는 부적합하다.

3. 모니터링 측정방식의 유형

1) Yes/No 측정방식

- 어떤 행동이 만족스럽게 달성되었는지를 나타내기 위해 1/0 혹은 Y/N으로 나타나는 Yes/No 형태를 사용한다.
- 결과는 Yes와 No의 개수, 비율 혹은 백분율로 나타낸다.
- 다른 측정 지표를 세야하거나, 혹은 전혀 셀 수가 없을 때는 N/A(not applicable)을 사용할 수 있다.

2) 수치적 측정방식

- 주관적 기능을 측정하기 위해서는 수치적 측정 시스템이 사용될 수 있다.
- 수치적 측정법은 숫자로 나타내는데 각각의 수는 기능을 발휘하는 데 있어 상담원의 수준 정도를 나타낸다.
- 수치적 측정은 직원의 기능 수준을 나타내는 데 있어서 다양성을 주고, 고객응대의 질을 반영하는 기능을 측정하는 데 적절하다.

4. 모니터링 시 고려사항

1) 친절, 서비스 마인드와 자세 체크

전화를 활용하는 텔레마케팅은 고객과의 직접적인 접촉, 특히 1대1 관계구축이라는 점에서 매우 중요한 판매수단으로, 올바른 예절과 서비스마인드를 필요로 한다. 따라서 텔레마케터는 전화예절이 자연스럽게 표현될 수 있도록 투철한 직업정신을 지니고 있어야 한다. 슈퍼바이저나 매니저는 텔레마케팅 스킬 위주의 교육뿐만 아니라 모니터링에 중요한 진정한 친절, 서비스를 항상 시키기 위한 셀프 마인드 컨트롤이 잘 되고 있는지, 습성화 되어있는지를 점검한다.

2) 전화 받는 태도

텔레마케터, 전화교환원, 부서 직원 어느 누구를 불문하고 걸려온 전화를 받지 않고 내버려두어서는 절대 안 된다. 전화교환원은 전화연결을 신속하게 하고, 연결이 안 되는 경우나 늦어지는 경우에는 상대방에게 상황을 알려 주어야 한다. 전화를 받는 사람은 부서명과 자신의 이름을 명확히 밝혀야 한다. 특히 경어를 사용하고 친근한 어투로 강약 조절을 하면서 말할 수 있는 능력을 지니고 있는지, 냉정하나 느낌을 주는 말투는 상대방의 기분을 상하게 할 수 있다. 또 너무 큰 목소리는 위압감을 줄 수 있으며, 반대로 너무 낮은 목소리는 제대로 알아듣지 못해 반복질문을 하거나 그냥 지나쳐버릴 수 있다. 억양의 강약을 조절하여 단조로움을 피하고 전달하고자 하는 핵심을 분명하게 밝힌다.

3) 대화의 테크닉 체크

텔레마케팅은 고객과의 인간적인 대화를 통한 커뮤니케이션의 개선을 중요시 여긴다. 따라서 전화를 활용하여 대화를 진행하고자 할 경우에는 고객설득능력 같은 테크닉이 있어야 한다. 전화가 걸려오는 경우에 전화를 받는 테크닉, 전화를 상대방에게 걸어 대화를 하거나 판촉활동을 할 때의 테크닉을 습득하여 친절마인드가 자연스럽게 우러나오도록 한다. 전화의 테크닉에서 중요하게 여기는 것은 간결하고, 알아듣기 쉽게 말하면서도 상대방을 잘 이해시키고 설득시키는 능력이다. 비즈니스 관계에서 간결하고 쉽게 말하는 것도 좋은 화술이다. 지나치게 자기 위주의 주관적 판단이나 고객이 따라오기를 바라는 식의 말은 상대방에게 거부감을 줄 수 있다.

4) 음성, 발성, 높낮이 등 텔레마케팅 기초 교육

목소리의 높낮이, 속도를 잘 조절하고, 억양에도 신경을 쓰는지를 세밀하게 모니터링 하여 교육여부를 판단한다. 목소리가 지나치게 높으면 날카로운 인상을 주거나 불쾌감을 줄 수 있다. 반대로 지나치게 낮으면 의사전달이 잘 안되므로 적당한 억양으로 말한다.

5) 시간관리 등 근무태도

텔레마케팅 근무는 개인적인 자질과 능력도 중요하지만 콜센터, 고객상담센터라는 텔레마케팅 전문조직에서의 적응과 다른 텔레마케터들과의 호흡도 중요하기 때문에 일과시간 중의 근무태도 또한 모니터링에서 중요한 역할을 하게 되고 이에 대한 관리기법 등도 다양화되고 보강되어야 한다. 부득이하게 자리를 비워야 한다면 대신 전화를 받아줄 사람에게 돌아올 시간이나 연락방법 등을 알려주어야 한다. 교환원이 통화연결을 해야 할 사람을 찾지 못한다면 고객에게 큰 실례가 된다.

6) 경청하는 능력

상대방의 이야기를 경청하는 능력을 모니터링 한다. 일방적으로 자신의 말만

건네지 말고, 상대방의 이야기를 잘 듣고 요구사항이 무엇인지를 파악하여 인간관계 유지나 비즈니스나 마케팅에 활용하는 것이 중요하다. 또한 고객의 입장에서 진정 고객을 배려하는 대화자세가 겸비되어 있는지를 동시에 체크하여야 한다.

7) 항상 메모하고 사후 관리하는 능력

상대방이 말하는 것을 받아 쓸 수 있도록 종이와 연필을 항상 준비한다.

8) 오감의 활용능력 체크

시각 청각 후각 미각 촉각을 하나로 집중하여 귀를 기울여야 한다. 비록 눈으로 관찰할 수 있는 것은 아니지만 자칫하면 전화판매의 실패 원인이 될 수도 있다.

9) 특성과 전문성

고객에게 공감을 일으킬 수 있는 텔레마케터 자신만의 제품 서비스의 장점과 신뢰성, 자신의 말에 대한 신뢰성 등 텔레마케팅의 품격을 갖추고 있는지를 중점 체크하여 본다. 고객과 직접 만나면 제품을 보여줄 수 있는 이점이 있지만 텔레마케팅은 상대방의 얼굴을 직접 볼 수도 없고 제품을 보여줄 수도 없는데다가, 인적 판매보다 짧은 시간 안에 구매를 유도해야 하기 때문에 불리하다는 점을 인식해야 한다. 특히 텔레마케터들에게도 자신만의 독특한 화법이나 고객상담 특성 등이 있는데 이에 대한 정점과 단점을 잘 간파하여 이러한 사항들을 교육시켜 고객과의 어떤 상황에서도 응용할 수 있도록 해야 한다.

10) 통화의 마무리가 중요하다.

통화를 마칠 때에는 “시간을 내주셔서 감사합니다.”, “들어주셔서 감사합니다.”, “안녕히 계십시오.” 등의 인사말을 반드시 한다. 그렇게 하지 않으면 상대방이 매우 의아해 할 수 있다.

제9절 역할연기

역할연기는 텔레마케터들이 실제와 같은 상황에서 고객과의 전화 상담이나 활동을 전개하는 것으로서 텔레마케팅 실무 적응에 커다란 도움이 되는 훈련방법이다. 이것을 잘 활용하면 텔레마케터들에게 자신감과 더불어 상황대응력을 강하게 심어줄 수 있다.

역할연기는 대상자 선정, 상황, 배역 및 역할 바꾸기, 역할내용의 검토와 평가, 스크립트 및 매뉴얼의 수정, 반복훈련 및 효과상승 체크 등의 항목을 중심으로 구분하여 실시하면 효과적이다. 특히 슈퍼바이저나 매니저가 직접 상황을 지휘할 수 있도록 한다.

1. 역할연기의 실시순서

1) 역할연기 대상자 선정

- 역할연기 대상자를 그룹화 하여 각기 다른 상황을 연기 할 수 있도록 하되, 그룹당 3~6명 이내에서 조정한다.
- 한 사람은 텔레마케터, 다른 한 사람은 고객의 역할을 맡는다.

2) 상황 설정

- 슈퍼바이저가 직접 상황을 지휘하도록 한다.
- 고객측이 다양한 상황을 전개하여 질문. 의문, 불만 등을 제시한다.
- 스크립트의 내용에 없는 돌발 상황도 제시해 본다.

3) 배역 바꾸기

- 한 통화가 끝날 때마다 서로의 배역을 바꾸어 상황적용 연습을 한다.

4) 역할내용의 검토와 평가

- 대화내용을 녹음하고 역할연기의 잘된 점, 부족한 점을 체크하여 검토하고 평가한다.

5) 스크립트 및 매뉴얼의 수정

- 역할연기의 검토. 평가를 통해 스크립트를 현실성 있게 수정하고 보완한다.
- 돌발 상황에서 발생하는 스크립트의 내용도 체크하고 작성하여 활용한다.

6) 반복훈련 및 효과상승 체크

- 텔레마케터들이 잘 적응하고 숙달될 수 있도록 반복훈련을 실시한다.
- 1차, 2차, 3차순으로 실력향상의 정도를 체크하여 관리한다.

2. 역할연기 평가의 체크포인트

역할연기는 적재적소에 맞는 체크리스트를 갖춘 상태에서 진행하는 것이 효과적이다. 특히 개인별로 역할연기를 할 때에는 장, 단점을 분석하여 교정이나 수정이 가능하도록 한다.

① 성격 : 지나치게 자극적이거나 소극적이어서는 안 되며, 상대방에게 신뢰감과 설득력을 줄 수 있도록 한다.
② 말씨와 언어 사용 : 표준어, 경어, 겸양어를 적절하게 사용한다.
③ 전화매너와 배려 : 전화예절을 갖추어서 고객에게 신뢰감을 줄 수 있도록 한다.
④ 해당상품 또는 서비스의 지식 : 상품과 서비스에 대하여 충분한 이해와 설명이 필요하다.
⑤ 판매기술 : 판매의 핵심을 고객에게 전달한다.
⑥ 서비스 혜택 등의 소개 : 서비스를 이용할 경우 주어지는 혜택정보를 구체적으로 제공한다.

⑦ 대화의 유연성 : 대화가 어색하거나 딱딱해지지 않도록 한다.
⑧ 고객의 설득과 이해 : 고객이 구매나 서비스 이용의 의욕이 생기도록 설득하는 힘이 필요하다.
⑨ 대화의 종결 : 대화의 종결과 그 상황이 적절한지를 체크한다.

3. 역할연기를 활용한 업무효율성 제고

텔레마케팅은 오퍼레이션, 즉 테스트 운영을 수시로 실시하여 텔레마케팅에서 발생하는 비효율성을 사전에 발견하고 이를 개선, 보완하여야 한다.

1) 스크립트 검증

- 스크립트의 고유속성 확인 : 상품과 서비스 내용과의 일치 여부, 스크립트 흐름의 자연스러움, 전개시간의 적합성을 확인하는 등 스크립트 전체의 흐름이나 구성에 문제가 없는지를 파악한다. 그리고 긍정적인 결과를 얻지 못한 단어나 문장, 회답거부가 많은 질문사항 등은 삭제하여 세일즈 포인트를 개선한다.
- 스크립트의 보충 : 기본 스크립트나 질의, 응답에 없는 의외의 질문사항을 정리하여 스크립트 및 질의, 응답 수정을 위한 참고데이터로 삼는다.

2) 잠재고객을 고객으로 만드는 전문능력 확인

카탈로그와 DM 등의 자료를 보고 전화를 건 고객, 처음으로 텔레마케팅을 접근하는 상황에서 자료나 샘플만으로는 충분히 이해하지 못하는 고객, 망설이는 고객, 보다 상세한 상품정보와 지불방법 등을 알고 싶어 하는 고객들을 얼마나 잘 설득할 수 있는지 확인해 볼 수 있다. 따라서 고객확보 능력을 개선할 수 있는 절호의 기회가 되며, 텔레마케터 개인에게도 커다란 도움이 된다.

3) 운영체제 검토 및 효율성 예측

텔레마케팅은 남성보다 여성에게서 탁월한 연기력이 발휘되는 특징이 있기 때문에 그 운영에 있어서 매우 섬세하고 세밀한 지도가 필요하다. 따라서 "알아서 잘 대응하시기 바랍니다."라는 식의 기대는 절대 금물이며, 다음과 같이 운영체제에 대한 세밀한 검토와 과정관리가 전개되어야 한다.

- 1건당 평균 대화시간, 1시간당 평균 처리건수를 파악한다.
- 업무처리 과정상 효율적인 텔레마케터 인원수를 예측한다.
- 비용관리 측면에서 예측한다.
- 업무 완료시까지 소요일수를 예측한다.
- 구체적인 실시 스케줄을 세운다.
- 적정한 회선수 확보, 통신장비 선택, 부족 장비를 보강한다.
- 콜센터의 효율적인 운영방안을 생각한다.
- 대중매체광고, DM의 적정성, 고지방법의 개선점을 생각한다.

4) 고객명단과 컴퓨터 처리의 신뢰성 검증

- 고객명단이나 리스트의 활용목적과 적합성, 신뢰성을 체크한다.
- 고객응대 화면 등 컴퓨터 처리상의 문제점과 개선점을 검증한다.
- 데이터베이스 구축에서 관리, 분석까지 수정, 보완 및 활용 상태를 검토한다.

5) 오퍼레이션의 실시와 수정. 보완

- 실제상황을 체크할 경우에는 아웃바운드 텔레마케팅의 실시목적이 신규고객 획득인지 고객유지 및 계속적인 활동인지를 파악하여 오퍼레이션의 강도를 달리한다.
- 텔레마케터를 몇 명 단위의 그룹으로 나누어 실시한다. 이때 유의할 점은 수준이 비슷한 텔레마케터를 각 그룹별로 배치하여 전화판매 능력이 거의 동등하도록 조정하는 것이다.
- 실시결과를 기록, 분석하여 기초데이터로 활용한다(월별, 분기별, 반기별, 연도별).

- 유능한 텔레마케터나 슈퍼바이저가 먼저 시범을 보인 후 실시하는 것이 효과적이다.
- 고객과의 대화를 통해 말하기, 경청하기, 접수표 작성법, 실전운영의 감각을 키운다.
- 텔레마케터의 자신감과 동기유발 프로그램을 개발, 활용한다.

제6장 콜센터의 조직과 운영관리

제1절 콜센터의 조직 형태

1. 콜센터의 직위별 직무

1) 센터장(Director)

- 콜센터 운영책임자
- 콜센터의 목표·방침 설정과 달성
- 타 부서와 연대 유지·향상
- 성과지표 관리와 지원

2) 매니저(Manager)

- 콜센터 내부 운영조직 단위의 관리자
- 원활하고 효율적인 담당조직 운영, 타 부문과 연대
- 하급 직원의 육성

3) 슈퍼바이저(Supervisor)

- 상담원의 1차 고객응대 품질을 유지하고 향상시키기 위한 지원, 지도, 육성
- 상담원의 지도, 육성, 통화품질의 유지, 향상

4) 상담원(Communicator)

- 1차 고객응대

- 회사의 얼굴로서 고객 1차 응대

5) 지원부서(Staff)

- 상담원, 슈퍼바이저 업무라인을 지원, 상담원과 슈퍼바이저 라인 속에 있는 지원부서와 콜센터 전체의 지원부서로 나뉨
- 콜센터 업무개선
- 마케팅 공헌기능 발휘
- 콜센터 지원(사람, 돈, 정보)조달과 활동

2. 콜센터의 조직 체계도

콜센터 마다 업무와 기능이 다르기 때문에 조직의 형태도 다양하다. <그림 6-1>은 콜센터의 기능을 중심으로 나타낸 조직체계도의 한 예이다.

<그림 6-1> 콜센터의 조직 체계도

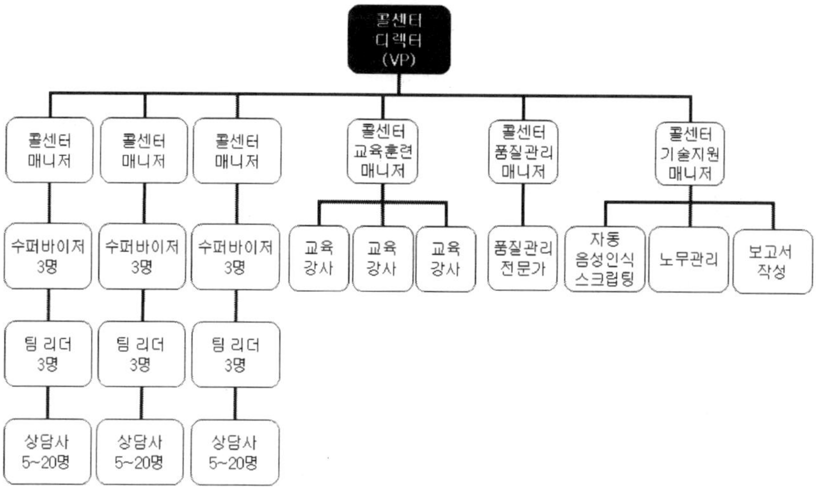

자료 : DMG Consulting LLC.

3. 콜센터 중간관리자의 직책 및 역할

1) 슈퍼바이저(supervisor)

- 상담원 바로 위에 위치한다. 상담원과 슈퍼바이저사이에 서브슈퍼바이저(sub-supervisor)를 두기도 한다.
- 핵심적인 4가지 기능을 수행한다.
  ① 상담원의 고객응대 지원
  ② 모니터링과 코칭
  ③ 상담원의 경력 관리
  ④ 콜센터의 정책과 절차 수행

2) 통화품질관리자(QAA ; quality assurance analyst)

- 통화 서비스품질 향상을 위한 프로그램 계획
- 화법(script) 개발
- 통화 서비스품질에 대한 평가 실시
- 통화 서비스품질에 대한 진단과 처리
- 통화 서비스품질 향상을 위한 교육실시
- 통화 서비스품질 관리를 위한 생산성관리지표 (Key Performance Indicators) 점검

3) 교육강사

- 상담원을 위한 교육계획 수립
- 상담원을 대상으로 교육 실시(역량, 직무 교육 등)
- 상담 역량의 평과와 관리
- 전문가 초청을 비롯한 교육 전문 인력의 확보
- 교육에 필요한 자료의 수집과 정리, 교재 연구와 개발, 제작 등

4) 고객서비스 매니저

- 고객의 불편사항 접수 및 처리
- 고객의 불편 처리를 위한 코칭 실시
- 상담원의 후방 업무(back office)지원
- 상담원의 상담업무 지원

제2절 콜센터 우수인력의 유지와 관리자의 역할

1. 이직률과 이직으로 인한 손실 산출방법

높은 이직률은 콜센터에서 피할 수 없는 현실이다. 우리나라 콜센터의 평균이직률에 관해서는 아직까지 정확한 통계자료는 없으나 매월 실시하는 "KTG College" 교육 참가자들 중 관리자들을 대상으로 조사한 바에 따르면 업종별, 업무별로 차이는 있지만 평균 35~50%에 달하는 것으로 나타났다. 일반적인 전체 산업평균 이직률 10%와 비교했을 때 엄청나게 높은 비율임은 틀림없다. 비록 낮은 수준의 이직일지라도 이로 인한 비용은 정확하게 산출해야 하며, 유지전략을 수립하는데 적절하게 반영해야만 한다. 이직과 관련된 비용계산을 이해하는 데 두 가지 중요한 수치가 있다. 하나는 이직률에 대한 통계이고 다른 하나는 콜센터와 전체조직에서 발생하는 실제 이직과 관련된 비용이다. 이 두 가지 모두 산출해야만 하며 효과적인 유지전략을 수립하기 위해 정기적으로 추적해 보아야만 한다. 이직률을 수립하기 위해 정기적으로 추적헤 보아야만 한다. 이직률을 계산할 때 대부분의 콜센터에서는 아래 공식에 의해 1년 동안 이직한 직원의 비율을 나타내는 연간단위 계산방법을 많이 사용하고 있다.

이직률(Turnover Rate) = 남아있는 직원수 / 일정기간 동안의 평균 직원 수 * 100

이직률은 내부이직률(회사 내에서 다른 부서로 이동하는 것)과 외부이직률(아예

콜센터에서 떠나는 것)을 구분해서 보아야만 한다. 둘 다 콜센터에서는 비용이 발생되지만, 능력 있는 사람이 회사 내에서 다른 업무를 하기 위해 이동하는 경우에는 분명히 회사에는 얼마간의 이익을 줄 수 있을 것이다.

또한 콜센터 전체 이직률을 산출해야 할 뿐 아니라, 그룹별로도 세분화해서 산출해야만 한다. 예를 들면 콜의 형태, 지역, 팀별 등으로도 알아보아야 한다. 특히, 팀별로 이직률을 산출해 보면 직원들이 이직하는 원인이 보수나 업무의 적합성 또는 기타요인 뿐만이 아닌 팀장, 즉 슈퍼바이저나 매니저 때문이 아닌지를 정확하게 알 수 있는데 도움이 된다.

※ 이직으로 인한 손실 비용항목 및 산출방법

콜센터 인력들의 이직으로 인한 손실비용에는 여러 가지가 있다. 정확히 측정할 수 있는 비용이 있는가 하면 그렇지 못한 비용도 있다. 이직으로 인해 발생하는 측정할 수 있는 비용에는 일반적으로 다음과 같은 항목들이 있다.

① 인력모집비용
- 인쇄물, 모집광고, 채용박람회 등 인력모집을 위한 각종 프로모션비용

② 인력선발비용
- 지원서접수, 서류전형. 전화인터뷰, 면접 등 인력선발과정에서 소요된 인력관리 부서비용 또는 인력선발 대행사용 역비용

③ 교육, 훈련비용
- 강사비, 교육성 시설관리비용, 교육매뉴얼, 교육 보조재 비용 등 초기 및 재직기간 중 들어간 교육, 훈련비

④ 관리자지원비용
- 초기 현장적응훈련 단계에서 관리자가 신입직원을 지원하는데 추가적으로 드는 시간에 대한 비용

⑤ 수습기간 급여
- 초기교육 및 수습기간 중 상담업무를 제대로 할 수 없는 신입직원들에게 지급해야 하는 급여

⑥ 기존직원 추가근무 비용
- 인력충원 기간 동안 기존 직원들이 넘치는 콜을 소화해야 하는데 따른 추

가 근무수당

위와 같은 산출 가능한 직접비용 항목에도 산출할 수 없는 추가적인 간접비용도 이직으로 인해 발생할 수 있다. 특히 수익을 창출해야만 하는 콜센터라면 직원 선발과 교육, 훈련, 그리고 초기 업무적응기간 동안의 비용손실에 대해 깊이 고려하여야만 한다.

이직률이 25%인 100명의 직원이 근무하는 고객서비스 센터를 예를 들어보자. 이 센터의 일일 순수 근무시간을 6시간으로 잡았을 때, 시간당 평균 12Call을 처리해 내는 한 상담원의 하루 Call처리량은 72Call이며, 그 가운데 1/4인 18Call은 Up-selling 또는 Cross-selling에 성공하여 한 Call당 평균 만원의 수익을 낼 수 있다고 가정하자. 또 이 서비스 센터에 상담원 한명을 충원하는데 소요되는 모집, 선발기간은 대략 2주, 신입 상담원들의 훈련기간은 3주, Up-selling, Cross-selling이 가능해지기까지는 최소한 1주가 소요된다고 가정하고, 이 센터의 시간당 평균상담원 임금을 /10.000원으로 잡았을 때 한 사람의 이직으로 인한 손실 비용을 산출하면 다음과 같다.

<표 6- 1> 1인의 이직으로 인한 소요 비용 예시

인력모집비용(광고비등)	1명 모집 시 소요 비용 환산	
(20명모집시₩4,000,000)	(₩4,000,000/20명)	/200,000
인력선발비용	총 12시간 소요	
(서류전형~면접)	(₩15,000*12h)	/180,000
Training비용, 수습급여	3주간수습급여+Training비/1인 (@60,000원*15일)+500,000원	/1,400,000
관리자 지원 비용	입사 첫 달 20시간 지원	
(₩15,000*20h)	/300,000	
기존직원추가근무비용	(₩10,000*12h)	/1,200,000
모집, 선발기간 중의 손실	18Call*10일*₩10,000	/1,800,000
교육, 훈련기간 중의 손실	18Call*15일*₩10,000	/2,700,000
Up-selling, Cross-selling이 가능해지기까지 손실		
1명모집시 소용 비용 환산		
(₩4,000,000/20명)		/8,680,000

위의 표에서 산출한 바와 같이 신입상담원 한 사람의 이직으로 인해 총 8,680,000원의 손실이 발생하게 된다. 따라서 25명의 직원이 콜센터를 그만 둘 경우 총손실은 무려 217,000,000원에 달한다. 여기에 고객 불만족, 기업 이미지 손상, 직원들이 보유하고 있던 Skill과 Knowhow, 고객정보 등의 외부 유출, 남아있는 직원들의 사기저하로 인해 발생하는 잠재적 손실까지 더한다면 그 손실 비용은 예측하기조차 힘들 것이다. 콜센터 관리자들은 산출 가능한 직·간접비용을 모두 찾아내어 이직에 따른 손실을 산출할 수 있어야 한다. 비록 콜센터 업무가 수익과 직접적이 연관이 없다하더라도 이러한 비용 산출을 통해 콜의 "가치"를 이해하는 것이 중요하다. 따라서 이직률은 낮추기 위한 다양한 유지전략을 수립하고 실행하는데 소요되는 예산은 아끼지 말아야 할 것이다.

2. 이직의 주요인과 우수인력을 유지하기 위한 방안

콜센터 업계의 이직률이 높은 데에는 많은 이유가 있다. 그 중 한 가지 중요한 이유는 대부분의 콜센터 관리자들이 이직률이 높은 원인을 자신이 통제할 수 없는, 즉 자신의 책임이 아니라고 생각하여 회피하기 때문이며 결과적으로 이직으로 인한 손실비용을 단순한 콜센터 운영비용으로 쉽게 간과해 버리는데 있다. 콜센터 관리자들의 중요한 책임 중의 하나는 "직원들이 왜 콜센터를 떠나려하는지", 반대로 "무엇이 그들을 남아있게 만드는지"를 끊임없이 질문하고 그들의 답변을 적극적으로 경청하여 사전에 대책을 수립해야 하는 일이다. 콜센터 인력들이 이직하는 요인은 크게 다음 네 가지 요소를 들 수 있으며 여기에서 우수인력의 유지 방안을 찾을 수 있다.

1) 낮은 보상과 급여

적절치 못한 보상과 급여는 이직의 주요인 중의 하나이다. 이것은 직원들 간에 경쟁이 치열하거나 인력수요가 많은 업종의 콜센터에서 흔히 나타나는 현상이다. 때문에 비슷한 업무성격을 지닌 동종업체나 주변업체의 일반적 급여수준을 벤치마킹하여 주기적으로 급여수준을 조정해 나가야 한다.

2) 업무의 부적합성

업무가 본인에게 적합하지 않는 것 또한 이직의 주원인이 된다. 이러한 이직은 초기선발단계부터 콜센터 업무에 대한 정확한 안내와 적절한 평가를 통해 지원자가 이 일을 잘 선택했다는 판단을 하게함으로써 획기적으로 줄일 수 있다. 선발단계에서 신중하면 할수록 나중에 있을 불필요한 손실을 미리 없앨 수 있다. 면접과정에서 관리자는 지원자가 콜센터의 업무특성(혼자서 하는 업무, 한정된 공간, 반복 업무, 끊임없는 모니터링, 타이트한 업무스케줄 등)에 대해 만족해 할지 또는 불만족스러워 할지에 대해 판단해야 할 것이다.

3) 한정된 업무 및 제한된 승진기회

한정된 분야에서의 경력개발과 제한된 승진기회로 인해 많은 인력들이 콜센터를 떠나고 있다. 어떤 콜센터는 세분화된 직급체계로 다양한 영역에서 경력을 쌓아갈 수 있는 반면, 그렇지 못한 콜센터도 있으며 이런 곳일수록 이직률이 높게 나타나고 있다. 일반적으로 이직자의 30%가량은 이직의 첫 번째 원인으로 더 나은 성장기회를 얻기 위한 것이라고 대답했다. 관리자들은 콜센터 내에서 정기적인 직원평가를 통해 업무능력수준을 결정하고 직원들이 좀 더 나은 분야에서 역량을 발휘할 수 있도록 기회를 마련해 주어야 한다.

4) 관리자의 능력 부족

이직의 원인이 위에서 언급한 급여, 업무만족, 승진기회 등이 아니라면, 콜센터를 그만 두는 주요이유는 효과적이지 못한 관리, 즉 관리자의 능력부족으로 인한 것이다. "직원들이 회사를 떠나는 것이 아니라 관리자들을 떠난다"라는 격언은 콜센터 환경에서 더욱 적합한 표현이다. 능력 있는 관리자가 우수한 인력의 이직을 줄이고 오랫동안 콜센터에 머물게 할 수 있다. 다른 콜센터로 이직을 하려는 대부분의 사람들은 아래와 같은 사람들로서 관리자의 능력문제임을 알 수 있다.

20% - 자신의 업무에 대해 잘 모르겠다.

18% - 자신의 일에 지루함을 느끼고 의욕을 상실했다.

11% - 충분한 훈련을 받지 못했다.

이직률을 계산할 때 콜센터 전체만이 아닌 팀별로도 계산해 보아야 하는 이유는 슈퍼바이저들의 관리역량이 직원들의 이직과 직접적인 연관이 있기 때문이다. 인력개발컨설턴트인 "버벌이케이(BeverlKaye)"와 "샤론조던에반스(Sharon Jordan-Evans)" 공저 "Love'EmEm"(한국어판, "인재들이 떠나는 회사, 인재들이 모이는 회사" 도서출판 푸른솔)에서 모든 형태의 기업과 조직에 적용할 수 있는 우수한 인재를 유지하기 위한 전략으로 제시한 26가지 지침 "A~ZGuide"를 특별히 콜센터 인력들의 유지전략으로 일부인용, "AJOB"이란 영문이니셜에 연결하여 아래와 같이 정리해 보았다.

▶ 우수한 인재를 유지하기 위한 전략

⊙ A-Ask(질문하라, 무엇 때문에 당신은 콜센터에 남아있는가?)

슈퍼바이저들은 직원들에게 콜센터 업무에 만족하는지, 무엇 때문에 그만 두려하는지 정기적으로 질문을 던져 보아야 한다. 그럼으로써 직원들마다 가지고 있는 각기 다른 이유에 대해 정리하여 기록해두고, 정기적으로 그들의 Needs에 맞는 적절한 피드백과 지원을 해주어야 한다.

⊙ S-Scheme(계획하라, 직원들의 발전을)

슈퍼바이저들은 모든 직원들의 성장과 발전을 위해 적절한 계획을 수립해야 한다. 여기에는 직원들의 Needs와 특성에 맞는 교육, 훈련, 성과향상 및 경력개발계획 등이 있으며, 특히 잘 짜인 경력개발 프로그램은 수직적 이동을 가능하게 해준다.

⊙ U-Understand(이해하라, 주의 깊게 경청하라)

슈퍼바이저들은 직원들의 말을 적극적으로 경청하여 그들의 문제들에 대해 잘 이해했음을 인식시켜 주어야한다. 그들의 Needs를 정확하게 이해하고 깊은 관심을 가지고 있음을 효과적으로 보여주고 전달하기 위해서는 끊임없이 경청능력과 Skill을 향상시켜 나가야만 한다.

⊙ P-Passion(열정을 심어줘라)

슈퍼바이저들은 직원들이 열정을 가지고 일을 할 수 있도록 도와주어야 한다. 직원들이 어떤 일에 흥미를 가지고 있는지 파악해야 하며 그 일을 지원해 줄 수 있는 방법이 무엇이 있는지 찾아야 한다. 예를 들어 한 달에 한 번 직원들 주도하에 누가 Script를 가장 잘 썼는지 선발대회를 한다던가, 스포츠팀 등 사내 취미활동지원, 자녀교육보조, 컴퓨터 교육, 사회봉사활동을 위한 스케줄 조정 등 직원들의 열정을 북돋워 줄 수 있는 방법은 얼마든지 있다.

⊙ E-Enrich(직무확대를 통해 업무의욕을 북돋워라)

슈퍼바이저들은 직원들이 이직을 하지 않도록 직무확대기회를 통해 콜센터 내에서 성장할 수 있는 다양한 방법들을 찾아 지원을 아끼지 말아야 한다. 여기에는 순환근무, 프로젝트팀 참여, 업무통합, 개인목표 달성지원 등 여러 가지 창의적인 방법들이 있다.

⊙ R-Reward(보상하라, 인정해 줘라)

슈퍼바이저들은 직원들의 바람직한 행동에 대해 보상해 주어야 한다. 한 번 보상받은 행동은 계속 반복하게 되기 때문이다. 보상은 자주 그리고 곧바로 이루어져야 한다. 그리고 경우에 따라 잘한 일에 대해 개별적으로 또는 공식적으로 인정해 주도록 한다.

⊙ V-Values(개인과 조직의 가치가 조화되도록 하라)

슈퍼바이저들은 콜센터 업무수행에 대해 직원들의 훌륭한 모델이 될 필요가 있다. 그들의 말과 행동은 콜센터의 사명과 가치에 부합되어야 하며 팀원들에게 그것을 행동으로 직접 보여줄 수 있어야만 한다.

⊙ I-Information(정보를 공유하라)

슈퍼바이저들은 직원들과 함께 모든 관련 정보들을 공유해야 한다. 거기에는 회사와 콜센터 정보뿐만 아니라 관련 업계정보와 각종 행사정보 등이 있다. 이러한 정보들은 뉴스레터나 게시판, 이메일 또는 면대면 커뮤니케이션을 통해 공유할 수 있다. 가끔 개인적 업무수행에 관한 정보도 공유해야 할 때도 있다.

⊙ S-Space(쾌적한 업무환경을 제공하라)

슈퍼바이저들은 콜센터 업무환경을 쾌적하게 만들어 주어야 한다. 쾌적한 환경은 직원들의 업무만족도를 높여 이직을 예방하는데 상당한 영향을 주기 때문에 충분한 업무공간과 함께, 항상 밝고 쾌적한 분위기가 될 수 있도록 만들어 주어야 한다.

⊙ O-Opportunity(기회를 발굴하라)

슈퍼바이저들은 직원들이 그들의 업무에서 성공하고 성장할 기회를 제공해 주어야 한다. 이제까지 대부분의 코치가 직원들의 잘못한 점에 초점을 맞추었다면, 슈퍼바이저들은 직원들의 잘한 점을 찾아내어 칭찬해야 하며 적절한 보상도 해 주어야 한다. 그렇게 함으로써 직원들이 스스로 성장과 직무충실화의 기회를 찾을 수 있게 된다.

⊙ R-Rules(규정과 가치를 공유하라)

슈퍼바이저들은 콜센터의 규정 뿐만 아니라 비전과 사명, 가치를 이해해야 하고 모든 직원들이 함께 공유할 수 있도록 해야 한다. 또한 성과표준을 설정하고 충분한 커뮤니케이션을 통해 이해시켜야하며 그들의 입장에서 보았을 때 성과평가가 공정하고 일관성이 있어야만 한다.

⊙ S-Spur(칭찬과 격려를 하라, 동기를 부여하라)

슈퍼바이저들은 직원들이 스스로 배우고 성장할 수 있도록 용기를 북돋워 주어야 한다. 최근 우리나라에서도 이를 위해 공식적 또는 비공식적으로 슈퍼바이저나 팀 리더에 의한 멘토링 프로그램을 실시하는 콜센터가 늘어나고 있으며 좋은 성과를 보이고 있는 것으로 알려지고 있다.

⊙ J-Jester(재미있는 콜센터로 만들어 줘라)

슈퍼바이저들은 콜센터를 항상 웃음과 활력이 넘치는 재미있는 분위기를 만들어 주어야 한다. 많은 콜센터에서는 이렇게 하기위해 게임, 콘테스트 등 다양한 활동들을 지속적으로 이어가고 있다. 이러한 노력들을 통해 콜센터를 더욱 즐거운 작업환경으로 만들어 업무만족도를 높이고 팀워크를 향상시켜 결과적으로 이직률을 극적으로 낮출 수 있다.

⊙ O-Outside(콜센터 밖의 개인적인 일에도 관심을 보여줘라)

슈퍼바이저들은 효과적인 업무지원을 위해 직원들의 능력을 정확하게 파악하고 있어야 하며 퇴근 후의 활동에도 관심을 가지는 것이 중요하다. 오늘날 많은 콜센터들이 직장과 가정의 조화를 위해 콜센터를 가족지향적인 분위기로 만들어가는 곳이 점점 늘고 있는 것은 바람직한 현상이다.

⊙ B-Buck(책임, 우수한 인력을 유지하는 것)

슈퍼바이저들은 우수한 인력들의 이직을 막고 오랫동안 유지하는 것이 그들의 가장 중요한 책임이라는 사실을 깨달아야 한다. 또한 관리능력과 리더십 향상을 통해 직원들의 업무만족을 증대시키고 유지율을 높이기 위해 적절한 커뮤니케이션, 공정한 평가, 코치 및 지원에 최선의 노력을 기울여야 할 것이다.

우수한 인력들의 이직을 막고 유지를 위해 관리자들은 전략적 계획을 수립해야만 한다. 높은 이직률은 콜센터 수익에 막대한 영향을 줌은 물론 고객이탈을 가속화하여 결과적으로 기업 이미지 저하, 매출감소로까지 이어지게 된다. 선진 콜센터에서는 유지전략의 일환으로 팀원들의 이직률에 따라 매니저와 슈퍼바이저들의 능력을 평가하고 인센티브 제도를 활용하는 곳이 점점 늘어나고 있는 추세이다. 또한 콜센터 관리자들은 적절한 인터뷰 방법을 통해 오랫동안 남아있는 직원들에게는 “어떤 점 때문에 당신은 이 콜센터에 남아 있는가?” 또는 이직하는 직원들에게는 “왜 당신은 이곳을 떠나는가?”라는 질문을 던짐으로써 우수한 인력들의 이직을 사전에 예방할 수 있는 효과적인 방안을 수립할 수도 있다. 우수한 인력을 확보하고 유지하기 위해 관리자들은 지금까지 가지고 있었던 “콜센터 업무는 이직률이 당연히 높을 수밖에 없다”라는 생각을 먼저 버려야만 하며, 또한 직원들이 콜센터를 떠나는 것은 자신의 책임 밖의 일이 아닌 바로 자신의 책임이라고 생각을 바꿔야만 할 것이다.

제3절 텔레마케터 성과관리

1. 콜센터 성과관리의 목적

콜센터는 조직, 팀, 상담원 별로 성과관리를 하며, 이는 콜센터 운영 전략에 반영이 된다. 콜센터는 고객과 직접적인 커뮤니케이션을 담당하며 고객과 관련된 수많은 데이터를 만들어 내는 조직이기 때문에 철저한 관리를 하지 않으면 통제가 어려워진다. 콜센터 성과관리의 목적을 정리하면 다음과 같다.

① 콜센터 운영을 잘하고 있는지 알아볼 수 있다.
② 조직, 팀, 개인의 성과를 점검하고 이를 통해 개선의 포인트를 찾아낼 수 있다.
③ 금전적 또는 비금적인 보상을 연계하여 구성원에게 동기부여를 할 수 있다.
④ 콜센터에서 산출되는 수많은 데이터는 필요상담원의 예측, 회선수의 산정, 내부 역량에 대한 진단을 통한 자원의 효율적인 배분 등 많은 의사결정에 사용할 수 있다.

2. 콜센터 성과관리 지표의 이해

1) 인바운드 콜센터 생산성 관리 지표

(1) 평균통화시간(초) : 고객1인당 평균상담 소요시간
(2) 후처리시간 (초) : 통화 이후 콜 처리시간
(3) 평균 통화 처리시간(초) : 평균통화시간 _ 평균 후처리시간
(4) 평균응대속도(초) : 채널별, 시간대별로 인입된 총 콜수
(5) 예상 인입율 총량 : 채널별, 시간대별로 인입된 총 콜수
(6) 콜 서비스 목표율(%) : 평균 목표시간 내 받을 수 있는 콜 수
(7) 포기콜수(%) : 콜수 과다로 고객이 대기 중 포기해버린 콜의 비율

2) 아웃바운드 콜센터 생산성 관리 지표

(1) 고객DB소진율(%) : 총고객 DB 불출건수 대비 소진한 DB건수 차지 비율
(2) 총DB불출대비 고객획득율(%) : 총고객 DB불출 건수대비 고객으로 획득한 비율
(3) 사용대비 고객획득율(%) : 사용한 총고객 데이터에서 고객으로 획득한 비율
(4) 1콜당 평균 전화비용(원) : 아웃바운드 TM 1건당 소요되는 전화비율
(5) 콜접촉율(%) : 아웃바운드 TM 실행결과 고객과 실제 접촉한 비율(시간당)
(6) 콜성공율(%) : 아웃바운드 TM 실행결과 고객과 실제 통화가 성공된 비율(시간당)

3) 품질 관리 지표

(1) 첫통화 해결률 : 통화전환이나 재전화 없이 한번의 접촉으로 완결된 통화 비율
(2) 통화 전환율 : 다른 상담원, 타 부서로 전환되는 통화의 비율
(3) QA평가점수 : QA요원에 의해 평가된 점수
(4) 에러율(error rate) : 정보입력 100건당 오류 입력된 건수

4) 기타 관리 지표

(1) 상담원 이직률 : 기간 중 상담원 이직 비율
(2) FTE(Full Time Equivalent)기준 상담원 수 : 기간 중 재직인원을 FTE기준으로 환산한 것
(3) 상담원 만족도 : 상담원 만족도 조사에 의해 측정된 만족도
(4) 시험 평가 점수 : 정기적인 시험을 통한 점수

제4절 콜센터의 기술적 구조

1. CTI

CTI(Computer Telephony Integration: 컴퓨터 통신통합체계)란 컴퓨터와 전화를 통합한 시스템을 지칭하는 것으로 PC를 통해 전화시스템을 효율적으로 사용할 수 있도록 함으로써 자동, 재다이얼 기능을 비롯해 영상회의 기능, 자료전송 및 음성사서함 기능, 송신호에 대한 자동정보제공기능 등을 구현할 수 있다.

최근 들어 컴퓨터와 통신을 결합하여 새로운 부가가치를 창출 할 수 있는 CTI(Computer Telephony Integration)가 텔레마케팅 운영에 중요한 역할을 하고 있다.

1) 등장배경

이제까지 전화는 그 기능이 크게 변하지 않는 가운데 널리 퍼져 핵심적인 통신수단으로 자리 잡고 있다. 반면에 컴퓨터는 급속도로 발전하는 정보처리 능력 및 네트워킹 기술로 서비스 제공능력이 커지고 있지만 아직까지 전화만큼 널리 보급되지 못하였고 사용자층도 컴퓨터통신을 사용할 줄 아는 일부계층에 지나지 않는다.

그러나 정보화 사회의 도래로 제공되는 서비스가 복잡해지고 다양해지면서 음성사서함, 무인자동 교환안내, 팩스 정보시스템, 통합메시지 시스템등과 같이 컴퓨터와 전화가 결합되어 서비스를 제공할 필요가 생겼다. 이와 같은 복잡한 서비스를 위하여 전화를 위한 교환기의 호 제어기능(Call Control)과 컴퓨터의 정보처리기능(Media Processing)을 결합시키는 방법과 기술이 등장하였는데 이것이 CTI인 것이다.

국내에서는 음성자동 응답시스템(ARS), 콜센터 등이 대표적인 기술상품으로 알려져 있으나 외국에서는 인터넷과 인트라넷 등을 전화망과 통합, 연동시키는 솔루션이 일반화할 정도로 쓰임이 확산되어 있다.

2) 구현방법

일반적으로 CTI를 구현하는 방법에는 1st-Party Call 제어방식과 3rd-Party Call 제어방식이 있다.

1st-Party Call 제어방식은 전화기 인터페이스 카드(모뎀 등)를 PC에 삽입하여 항상 컴퓨터가 전화기 라인을 모니터링 할 수 있도록 하는 것으로 이 방식은 모뎀을 접속한 PC 또는 ISDN에 접속한 PC등에 적합한 방식이다. 그러나 이 방법은 단일 사용자의 하나의 전화를 제어하는 소규모 시스템이다.

3rd-Party Call 제어방식은 전화교환기를 컴퓨터 시스템에 CTI 링크로 연결하는 방법이다. CTI 링크를 통해서 호 이벤트와 관련정보가 전달된다.

이러한 방법은 CTI Server를 기반으로 하는 것으로서 특히 CTI 링크를 통해서 모든 전화제어정보가 전달되기 때문에 비교적 대 용량의 콜센터 등 그룹사용자를 위한 서비스 제공에 적합하다. 1980년대 말부터 몇몇 회사들이 CTI 링크를 제공했으나 별로 사용되지 않다가 최근에 링크당 가격의 하락, 정보통신 기술의 발달로 각광을 받고 있다. CTI 링크 제품에는 IBM의 Call Path, Lucent의 PassageWay, Nortel의 Meridian Link, Siemens의 CallBridge, Dia-logic의 CT-Connect 등이 있다.

3) CTI장치가 제공하는 몇가지 중요한 기능

(1) 음성 저장과 보내기(Voince Store And Forward)

이것은 녹음과 재생을 뜻하는 이 분야의 용어이다. 음성처리 시스템은 나중에 오디오를 녹음하고 재생하는 기능을 갖추게 되었다. 가정용 전화 응답기는 저장과 보내기 기능이 있는 원시적인 음성 응답 장치다. 전형적인 저장 및 보내기 응용프로그램으로 음성우편이 있다. 음성우편은 호출자가 메시지를 녹음해 놓으면 수신자가 나중에 검색할 수 있도록 되어있다.

(2) Digit Capture

모든 전화기는 0에서 9까지 다이얼링 할 수 있도록 되어 있고, 음성처리 시스템은 호출자가 다이얼링한 숫자를 인식하고 그에 따라 행동할 수 있다.

(3) Text To Speech

TTS라는 약자로 자주 쓰이며, 미리 녹음해 놓지 않은 오디오 메시지를 합성하는 음성 응답 장치의 능력을 말한다. 가장 간단한 TTS의 예는 숫자를 음성화하는 것이다. 예를 들어 2123(이천백이십삼)은 다음과 같이 네 개의 요소로 음성화된다.

"이천" "백" "이십" "삼"

40개 미만의 어휘를 미리 녹음해 놓으면 거의 모든 숫자를 음성화할 수 있다. 몇 개의 요소만 미리 더 녹음해 놓으면, 다음과 같은 좀 더 복잡한 메시지도 서로 연결될 수 있다.

"새로 도착한 5개의 메시지가 있습니다."

그러나 Text to Speech가 좀 더 일반적으로 쓰이려면, 거의 모든 텍스트-예를 들면 신문기사-를 음성화할 수 있어야 한다.

간단한 방법으로는 음소조합방식이 널리 사용된다.

(4) 음성인식(Voice Recognition)

Speech to Text, Automatic Speech Recognition 이라고도 알려져 있으며 음성 응답 장치가 소리를 음성화된 단어로 해석하게 한다. 음성 인식 시스템은 원래 제한된 그룹의 단어만을 인식할 수 있다. 예를 들어 "Yes"나 "No" 또는 "One"에서 "Nine" 까지의 숫자 등이다. 음성 인식 시스템은 모두 두 개의 중요 그룹, 즉 화자종속 음성인식, 화자독립 음성인식 하나에 속한다.

화자종속 음성인식은 호출자의 악센트나 전화선의 다양한 특성(예를 들면 국내, 국제 또는 핸드폰 통화에서 각각 다르게 나타나는 배경 잡음, 대역폭 등)에 상관없이 모든 호출자를 인식하는 방법이다. 널리 적용되기는 힘들지만 보안이나 개인용 시스템에 적용된다.

화자독립 음성인식은 주어진 음성을 인식하도록 훈련을 시켜야 하지만, 나중에는 좀 더 많은 어휘를 이해할 수 있게 된다. 요즘 LG, L&H에서 판매하는 제품들이 여기에 속한다.

(5) Out-dial

이 용어에서 예상할 수 있는 것처럼, Out-dial 기능이 있는 음성 응답 장치는 전화번호를 다이얼링 하여 호출을 연결할 수 있다. 이것은 보통 음성 응답 장치가 호출 진행을 분석할 줄 알아야 한다. 즉 시도된 호출의 결과를 성공적인 연결, 통화중 신호, 다이얼링된 번호로 벨을 울려 일정한 횟수가 지나도 응답이 없는 경우 등 여러 가지로 결정할 수 있어야 한다. Out-dial에서 가장 중요한 변수는 전화기에 supervised transfer가 있는가 하는 것인데, 있다면 음성 응답 장치가 호출을 구내선으로 이전한 후 그 호출에 응답하는지를 감지한다.

ACS(Automatic Calling System)에서 기본적인 기능으로서 보통 ARS 시스템을 구축하는 것보다 더욱 노력이 많이 들어간다. 이것은 ARS 시스템은 교환기로부터 Ring Tone을 수신한 후에 시스템 내부적인 동작으로 대부분의 기능을 진행하나 ACS 시스템은 교환기로 전화를 걸어 No Ringback, No Response, Fax Tone, Answering Machine Tone 등 여러 가지의 Tone을 받을 수 있기 때문이다.

(6) 팩스 저장 및 보내기(Fax Store And Forward)

오디오 정보와 같은 방법으로 팩스 데이터도 저장되고 다시 전송될 수 있다. 음성처리 시스템의 영역이 확장되어 팩스 처리 옵션을 포함하고 있다. 예를 들면 팩스 서류가 음성우편함 안에 메시지처럼 저장될 수도 있다. 팩스문서는 TIF 형태의 그림화일로 전송되어지며 UMS 구축에 기본 기능이 된다.

(7) 팩스 합성(Fax Synthesis)

종종 팩스로 보낼 정보가 컴퓨터에서 파일로-워드 프로세서 파일, 스프레드시트나 데이터베이스, 사진으로부터 스캐닝된 그래픽 파일 등-생성되는 경우가 있다. 팩스 합성은 음성 응답 장치가 컴퓨터에 있는 데이터를 서류로 인쇄하는 중간과정을 거치지 않고 직접 팩스형식으로 변환시키는 기능을 말한다. 즉 완성형 텍스트 파일이나 아래아한글과 같은 워드의 문서를 TIF 형태로 변경하는 기능을 말한다.

4) CTI 활용

현재 이와 같은 CTI기능이 적용되는 업무는 고객불만 접수, 고장 접수, 각종 안내 등의 단순 고객응대 서비스와 연체관리, 폰뱅킹, 텔레마케팅 등이 있다. 현재 CTI가 가장 활발하게 적용되는 분야는 텔레마케팅 콜센터지만 CTI를 통해 구현 및 개선할 수 있는 비즈니스 분야는 매우 다양하다.

(1) 통합메시징 시스템 구축

현재 많은 업체들은 email, 음성사서함, 팩스 등을 갖추고 있으나 이들은 각기 별도의 시스템으로 구축되어 있다. 통합 메시징 시스템은 이 서비스들을 하나의 체계로 묶어 제공한다. 예를 들면 컴퓨터를 통해 음성 메시지나 팩스를 조회할 수 있고, TTS(Text To Speech)기능을 통해 전화기로 전자메일을 들을 수도 있다. 아직 범용적인 시술은 아니지만 OCR(Optical Character Recognition)을 통해 팩스 메시지를 문서로 전환하고 이를 다시 음성 메시지로 전환, 전화기로 팩스 내용을 청취할 수도 있다.

(2) 자동서비스 안내

VRU(Voice Response Unit)를 통해 각종 고객 불만, 서비스나 상품의 오류 및 고장 등의 문의 사항을 알려준다. 또한 고객불만 처리가 완료된 경우 자동으로 고객의 연락처로 전화를 걸어 알려 준다.

(3) 호텔예약

예약자가 호텔의 빈방과 옵션 그리고 가격에 대한 정보를 VRU를 통해 확인한 후 안내 데스크로 연결, 예약 처리를 한다.

(4) 팩스처리

고객이 팩스를 통해 정보를 받고 싶을 때, 해당되는 팩스 아이템을 선택하고 원하는 팩스 전화번호를 입력하여 상담원과 접촉 없이 팩스 데이터를 받을 수 있다.

(5) 자동전화 연결

전화를 받을 사람이 이동 중인 경우 이동한 장소의 전화 혹은 무선 전화, 호출기 등으로 메시지를 자동 전송한다. 혹은 전화가 연결되지 않을 경우 일반적으로 전화를 받을 사람과 접촉이 가능한 예상 연락처를 순차적으로 연결하도록 처리할 수도 있다.

(6) 주문접수 및 상태 검토

컴퓨터 시스템뿐만 아니라 전화기를 통해 주문하고 이의 진행 상태도 주문번호를 키로 하여 파악할 수 있다.

(7) 홈쇼핑

고객이 고객키와 주문할 물품에 대한 코드를 전화기를 통해 주문하면 시스템은 입력된 고객 정보와 배달처를 확인한다. 필요한 경우는 상담원에게 전화를 돌려 제반 업무를 처리토록 할 수 있다.

(8) Viced on Demand(VOD)

전화를 통해 원하는 비디오 선택 및 정보 습득이 가능하고 청구될 비용에 대한 정보 조회를 자동으로 처리한다.

(9) 예매 서비스

각종 영화, 연극, 기차, 고속버스 등의 예매 서비스를 전화를 통해 조회, 문의하고 예약할 수 있다.

(10) 계좌 잔액조회, 이체

현재 대부분의 은행에서 서비스되고 있는 폰뱅킹 시스템, 고객은 자신의 계좌에 대한 잔액조회, 세금납부, 자금이체 등을 전화를 통해 처리할 수 있다.

(11) 주식시세

시스템은 자동으로 전화응대 서비스와 연계, 실시간으로 각 고객에 대한 투자정보를 갱신해 줌으로써 시간에 구애받지 않고 전화를 통한 투자정보 조회가 가능하다.

(12) 각종 조사

자동으로 설문 대상이 되는 고객에게 전화를 걸고, VRU를 통해 고객이 설문에 응답한 내용을 자동으로 받을 수 있다.

2. ACD

ACD(Automatic call distributer: 자동호분배)는 걸려오는 다수의 전화를 설정된 일정 규칙에 따라 처리, 관리하여 특정상담원에게 집중되는 총화를 자동으로 균등 분배함으로써 상담원이 균등하고 효율적인 업무를 처리할 수 있도록 하는 시스템이다.

주로 콜센터와 같이 다수의 고객을 응대하는 판매 및 서비스 제공업체들이 발신자 확인, 외부 전화 응대, 담당자 연결, 발신자 메시지 녹음, 사용 통계, 균등한 회선 사용 등의 서비스를 위해 사용한다.

고객에게 통화를 원할시 비어 있는 상담원을 선택하여 통화를 빠르게 연결함으로써 고객만족과 함께 기업이미지 제고 및 수익향상에 기여한다.

1) Queuing(대기호)

- Queuing size, Overflow 처리(2차 그룹, Disconnect, IVR)
- Call 별 Waiting time(관리)
- Maximum Waiting처리(VMS, CallBack, Wait, Disconnect)
- Group 별 현황 통보
- Call 별 Priority 관리(Customer Score)

2) Routing

- Most Idle : 가장 오래 기다린 순으로 호분배
- Circular Hunting : 순서대로 돌아가며 호분배
- Agent Score : 상담원의 업무부하에 따라 호분배
- First Idle : 호분배 순서를 지정하여 항상 고순위자에게 우선적으로 호분배
- 무응답 처리 : 상담원이 호에 응답하지 않는 경우에 대한 처리
- Agent 상태 관리(Login, Logout, 휴식중, 통화중 등의 근무상태)

3. 다이얼링 기법

아웃바운드 텔레마케팅에 있어서 다이얼링 방식의 선택은 상담원의 생산성 향상이나 자원의 효율적 이용에 결정적인 영향을 미친다. 효율성 높은 다이얼링 방식은 마케팅 비용을 절감시킬 수 있을 뿐만 아니라 하루에 응대할 고객의 수가 크게 늘어 매출증대에도 직접적인 영향을 미치기 때문이다.

1) 아웃바운드 TM핵심 기술 다이얼링 기법

아웃바운드 다이얼링 방식은 일반적으로 5가지 방식으로 나눌 수 있다. 매뉴얼 다이얼링, 미리보기 다이얼링, 파워 다이얼링, 프로그레시브 다이얼링, 예측 다이얼링이 그것이다. 각각의 다이얼링 방식을 살펴보자.

(1) 매뉴얼 다이얼링

매뉴얼 다이얼링 방식이란 상담원이 전화번호를 보고 전화기로 직접 다이얼링 하는 가장 원시적인 방식이다. 보통 장표라고 하는 전화 목록에서 전화번호를 육안으로 찾아 다이얼 버튼을 직접 누르므로 상담원 시간의 낭비 및 상담원 업무의 피곤함이 발생한다.

(2) 미리보기 다이얼링

미리보기 다이얼링 방식이란 상담원이 미리 전화를 걸 대상 고객의 정보를 컴퓨터 화면에 디스플레이 해 놓고 자동 발신키를 누르면 시스템이 자동으로 전화를 걸어주는 방식이다. 사용되는 장비는 자동 다이얼링 장치이며 모뎀을 통한 다이얼링과 동일한 기술이 적용되어 있다.

(3) 파워 다이얼링

파워 다이얼링 방식이란 전화 목록을 바탕으로 수동 페이싱을 이용하여 전화를 걸고 응대할 상담원이 없는 경우 그대로 전화를 종결하는 방식이다. 이 방식은 콜 센터의 생산성만을 추구하여 전화를 받은 고객이 응대할 상담원을 지나치게 기다리게 함으로써 고객의 불만을 야기시킬 수 있는 부작용의 위험이 크다.

(4) 프로그레시브 다이얼링

프로그레시브 다이얼링 방식이란 전화를 받을 수 있는 아웃바운드 상담원이 있을 경우에만 시스템이 고객에게 자동으로 전화를 걸어주는 방식이다. 이 방식은 생산성 증대를 어느 정도 추구하면서 동시에 고객 불만 요소를 완벽하게 방지하겠다고 하는데 목적을 둔다.

(5) 예측 다이얼링

예측 다이얼링 방식이란 전화를 거는 일체의 작업을 컴퓨터가 알아서 처리하며 최적 발신 시기를 콜링 시스템이 자동으로 거절하는 콜 페이싱을 이용한다(최적 발신 시기는 콜 통계 알고리즘에 의하여 상담원의 통화가 끝날 시점을 정확하게 예측하여 결정된다). 그리고 밀접하게 연동되는 기능으로 전화응답 자동감지 기능으로 고객과 통화가 되었을 때만 상담원에게 연결해주는 방식이다. 이 기법은 최신 다이얼링 기법으로 콜센터의 생산성을 극대화 하면서 동시에 고객불만 야기 위험도 최소화시키는 데 목적을 둔다.

제7장 C R M

제1절 CRM의 정의와 필요성

1. CRM이란 무엇인가?

CRM(Customer Relationship Management)이란 고객관계유지이다.

기업의 입장에서 새 고객을 이끌어 유치하는 것은 기존 고객을 보유하는 것보다 10배나 더 많은 비용을 초래하기 때문에 항상 보다 높은 고객 만족도 및 보다 좋은 서비스를 제공해서 기존 고객을 붙잡아 두는 것이 기업 입장에서는 이익이다. 그렇게 함으로써 고객들은 보다 저렴한 비용으로 기업의 서비스를 이용 할 수 있는 것이다. 이러한 목적을 달성하기 위해 기업은 고객관계를 좀 더 효율적으로 관리, 유지 할 필요가 있다. 그렇기 때문에 기업에는 고객관계마케팅이 필요한 것이다.

기업의 입장에서 CRM이란 앞에서 이야기를 했듯이 고객관계관리를 말하는 것으로, 선별된 고객으로부터 수익을 창출하고 장기적인 고객관계를 가능케 함으로써 보다 높은 이익을 창출할 수 있는 솔루션을 말한다. 즉, 고객과 관련된 기업의 자료를 분석, 통합하여 고객 특성에 기초한 마케팅 활동을 계획하고, 지원하며, 평가하는 과정을 말하는 것이다.

CRM은 기업에만 필요한 것이 아니다. 모든 분야에 확대 해석 할 수 있는 것이 CRM이다. 우리의 일상생활에서부터 사업가에 이르기까지 많은 분야에 적용을 할 수 있다. 하지만 대상은 달라도 공통원칙이 있다. 그건 고객에 대한 많은 정보를 얻어 분석하고, 분석한 자료를 바탕으로 어떻게 할 것인지 미래에 대해 목표를 결정하고, 목표를 수행하기 위한 계획 전략을 세우고, 세운 계획 전략대로 행동하는 것이다.

2. 고객관계관리(CRM)의 필요성

정보기술의 발전 초기에 기업들은 재무 및 생산관련 시스템에 많은 투자를 했다. 그러나 기업가치가 고객으로부터 나온다는 인식이 확산되면서 고객관계관리에 대한 투자가 급속히 늘고 있다. 그 이유는 우선 기업의 운명을 결정지을 수 있는 힘이 고객 쪽으로 옮겨졌기 때문이다. 지난 1950~1960년대 공급사슬의 중심축은 기업이었다. 기업의 가장 중요한 자산은 브랜드였다. 이어 1970~1990년대에는 공급사슬의 중심축이 유통업체로 옮겨졌다. 당시는 효과적인 판매망이 기업의 주요 자산이었다. 그러다가 2000년대 들어서 공급사슬의 중심축은 다시 고객으로 옮겨왔다. 고객정보가 기업의 유일한 자산이 되고 있다. CRM에 대한 투자가 늘어나는 두 번째 이유는 고객충성도가 기업 수익의 원천으로 자리 잡고 있어서이다. 고객충성도는 거래 기간과 밀접한 관련이 있는데 거래기간이 길어질수록 고객으로부터 나오는 수익은 증가하게 된다. 또 고객만족 지수가 일정 수준을 넘어서는 순간 기하급수적으로 증가하는 경향을 보이는데 고객 만족 지수는 고객에 대한 정확한 정보를 바탕으로 맞춤형 상품서비스를 제공함으로써 증가 시킬 수 있다.

3. e비즈니스에서의 CRM의 중요성

e-비즈니스 세계에서 고객들은 적극적으로 웹 사이트를 탐색한다. 웹은 고객들의 문제나 질문에 귀를 기울이고, 조언, 안내, 추천도 한다. 그 뿐 아니다. 웹은 직접 거래를 성사시키기까지 한다. 바로 이런 점이 CRM이 강조되는 이유이다. 이제 상대적으로 소홀이 취급되는 고객은 인근에서 자신의 기호를 알고 접근하는 다른 웹사이트로 바로 이동할 것이다. 반대로 자신에 대한 여러 가지 정보를 바탕으로 원하는 서비스를 알아서 척척 제공해주는 사이트들은 고객들의 충성도가 높아져 높은 수익을 얻을 것이다. e비즈니스가 고객중심이라는 의미는 CRM이 e-비즈니스의 핵심 활동이라는 말과 같다. 이는 고객과 관련된 부서 또는 업무를 마케팅, 판매, 고객 서비스에서 엔지니어링, 제조, 유통으로 확장할 필요가 있음을 의미한다.

제2절 CRM의 도입

1. CRM의 도입방법

CRM은 단계적으로 도입해야한다. PwC는 CRM이 세 가지 단계를 거쳐 발전한다고 본다. "고객확보"-"고객 유지"-"전략적인 고객 관리"가 그것이다. 우선 고객 확보단계는 말 그대로 고객 확보에만 신경 쓰는 상황이다. 이런 단계의 기업들은 고객유치에만 관심을 기울일 뿐 고객을 어떻게 지켜나갈 지에는 별 관심이 없다. 백화점이 고객을 유치하기 위해 카드를 대량으로 발행하는 경우가 이에 속한다고 할 수 있다. 이어 고객 유지 단계 기업들은 고객 확보에서 한 걸음 나아가 고객과의 관계형성 그리고 고객을 어떻게 대하고 고객들과의 비즈니스를 어떻게 할 것인지에 관심을 기울인다. 국내 일부 백화점이 이용 실적이 많은 카드회원들을 대상으로 음악회를 연다면 이에 속한다고 할 수 있다. 전략적 고객 관리 단계의 기업들은 고객을 자산으로 보고 전략을 수립 시행한다. 고객을 세분화시킨 다음 그에 맞는 차별화된 제품과 서비스를 제공하게 된다. 연간 소득 1억 원 이상으로서 결혼적령기의 자녀를 두어 가구제품을 구입할 고객, 연간소득 3천만원대의 신혼부부로서 유아자녀용품을 구입할 고객 등으로 백화점이 고객을 분류해 그에 맞는 상품 정보를 카드회원에게 보낸다면 이에 속한다고 할 수 있다. 국내에서 아직 이 단계에 접어든 기업은 없는 것 같다. 미국에서는 컴팩을 비롯하여 약 6%정도의 기업이 이 단계에 접어들었다. 컴팩은 다양한 컴퓨터수요그룹을 위해 1천2백 개의 웹사이트를 운영하고 있다. 1천2백 개 그룹의 고객들은 웹 사이트를 통해 사실상 맞춤형 PC를 구할 수 있는 것이다. 물론 CRM을 도입한 기업들이 모두 이 세 단계 중 하나에 속하지는 않는다. 단계 1과 2 중간에 위치 할 수도 있고 어느 것에도 속하지 않을 수도 있다. 하지만 중요한 것은 CRM을 도입할 때 이러한 3가지 단계를 반드시 순차적으로 거쳐야 한다는 점이다. 어떤 애플리케이션이나 정보기술을 도입하여 1단계에서 3단계로 한 번에 끌어 올리려는 생각은 버려야 한다. 그리고 전략적 고객 관리로 가기 위해서는 CRM에 대한 이해 외에 진정한 고객 만족과 이를 바탕으로 한 기업 가치 창조를 이뤄 내겠다는 최고 경영자의 의지가 절대적으로 필요하다.

CRM을 도입하는 기업이 늘어나면서 실행 소프트웨어도 많이 개발되고 있다. 미국에서는 지벨(SIEBEL)사 제품이 많이 사용되고 있으며 국내에서는 유비즈(UBiz)가 시장에 참여하고 있다.

2. CRM 도입시 주의점

두 가지 점을 명심해야 한다. 우선 고객관계관리는 애플리케이션, 시스템, 정보기술 만이 아닌 "전략"이라는 사실이다. CRM은 정보, 시스템, 경영 정책, 프로세스 그리고 회사의 조직원들이 총체적으로 집결된 기업 경쟁 상황에서 고객을 끌어 들이고 유지시키는데 사용되는 전략이다. 고객관계관리를 위한 애플리케이션과 정보기술은 그러한 전략을 수행하기 위한 도구로서 조직 내 경영 전략의 한 부분에 불과 하다. 세계적인 컴퓨터 저장장치 업체인 미국의 스토리지텍(StorageTek)의 경우도 고객의 요구사항부터 먼저 파악하면서 차근차근 접근했다. CRM 추진팀이 일선 판매담당 매니저와의 인터뷰를 통해 고객 요구 사항을 명확히 파악한 후 CRM 시스템 구축 작업에 들어갔으로서 성공할 수 있었던 것이다. 그 다음으로 CRM은 실무자로부터 출발 되어서는 안 된다는 점이다. CRM의 시작은 반드시 최고 경영진이어야 한다. CRM은 경영의 모든 요소를 포함한 하나의 전략이기 때문이다. 콜센터, 혹은 정보관련 매니저(IT Manager)가 모든 프로세스상의 변화를 주도해서 추진 할 수는 없는 것이다. 실무진은 부분적인 요구를 충족시킬지 모른다. 그러나 고객 만족을 위한 최적화라는 점에서 보면 타 부서가 보다 더 잘하고 있는 동안 몇몇의 부서가 효율적이지 못할 수 있다. CRM을 성공적으로 도입한 기업의 최고 경영자들은 본인 시간의 40%이상을 CRM 초기화 프로세스에 기여하고 있다. 최고경영자의 의지가 CRM의 도입에 꼭 필요하다.

3. 성공적인 CRM 구축을 위한 4가지 전략

1) 전략 1 : 고객 전략을 먼저 수립한 후에 CRM을 구축하라

- 많은 경영자들은 흔히 소프트웨어 업체에 고객관리 추진 업무를 맡기거나 CRM 기법에 역으로 고객 전략을 맞추는 실수를 하는데, 더욱 나쁜 것은 CRM을 기술적인 문제로 보고 이를 CIO에 위임하는 것이다.
- CRM은 철저한 시장세분화를 바탕으로 마케팅 목표를 달성할 수 있도록 설계되어야 한다.
- 시장세분화 분석과 마케팅 목표를 결정하지 않고 CRM을 추진하는 것은 마치 설계도면이나 엔지니어링 척도 없이 집을 건축하는 것과 같다.

2) 전략 2 : 조직 정비 후에 CRM을 가동하라

- 조직을 고객 중심으로 정비하기 전에 CRM 기법을 인스톨하는 것은 가장 위험한 실수이다.
- 고객 서비스에서 주문 이행에 이르는 고객관련 핵심 업무 프로세스를 우선 혁신하고, 직무기술서, 성과 측정 기준, 보상체계, 교육훈련 프로그램 등을 고객 니즈를 더 잘 충족시킬 수 있는 방향으로 재정비해야 한다.
- CRM 기법에 투자하기 전에 내부 조직과 시스템을 정비하지 않는 것은 마치 집의 벽을 먼저 샌딩하지 않고 다시 칠하려는 것과 같은 것으로 오히려 상황을 악화시킬 수 있다.
- 온라인 조사업체인 CRM포럼의 최근 조사에 의하면, CRM 프로젝트의 실패 원인 중 87%가 적절한 변화관리가 없었다는 점을 지적하고 있다.

3) 전략 3 : CRM 초기에 필요 이상의 기술에 투자하지 마라

- 많은 경영자들은 CRM을 기술 중심적인 것으로 인식하고, 단지 기술적인 솔루션에 의존하거나 하이테크 솔루션일수록 좋다는 생각에서 과다한 비용을 지출하는 실수를 하게 된다.
- 고객 관계는 여러 가지 방법을 통해서 관리될 수 있고, CRM의 목적은 종

업원들이 고객 니즈를 잘 인식하도록 동기를 부여함으로써 단지 기술에 대한 막대한 투자 없이도 달성할 수 있는 것이다.

- 자사의 고객 전략과 프로세스에 적합한 CRM의 기술 수준을 결정하고 초기에 낮은 수준의 기술로 과제를 해결하는 것이 효과적이며, CRM을 위한 다각적인 방법들을 병행하는 것이 바람직하다.

4) 전략 4 : 고객관리 활동이 스토킹이 되지 않도록 유의하라

- 제품에 대한 고객 충성도를 제고하기 위한 고객 관리 활동은 산업별, 기업별, 고객별로 상황에 따라 적절한 수준에서 전개되어야 한다.
- 불행하게도 많은 경영자들은 CRM을 도입하면서 이러한 사실을 간과하는 경향이 있으며, 그 결과 CRM 도입 전보다 피해를 보는 경우도 있다.
- 흔히 불량 고객과의 관계를 구축하기 위해 노력하거나, 부적절한 방법으로 우량 고객과의 관계를 구축하기 위해 노력하는 실수를 하게 된다.
- 관계라는 속성은 양방향 도로와 같은 것으로, 돈이 되는 고객과의 관계를 더욱 견고하게 하고 싶어도 고객이 이를 원하지 않을 수도 있다.
- 이러한 가치 있는 고객과의 관계 구축에 실패한다면 이들을 결국 경쟁사에 빼기는 상황에 처할 수도 있다.
- 또한, 관심이 없는 고객과 관계를 구축하기 위해 무리하게 노력하게 되면 스토커처럼 인식되어 잠재 고객을 화나게 하거나 혹독한 비평가로 만들 수 있는 위험이 도사리고 있다.
- 따라서 고객과의 접촉은 CRM 프로그램이 아니라 고객 전략에 의존해서 추진되어야 한다.

4. CRM 구축 프로젝트 관리의 포인트

CRM은 일회성 행사가 아닌 일상적인 경영 활동이지만, CRM을 실행하기 위해서는 일단 한번의 구축 프로젝트를 겪어야 한다.

이 CRM 구축 프로젝트는 다양한 인력, 특히 많은 경우 외부 인력이 참여하게 되므로, 프로젝트를 효과적으로 관리하는 것이 쉽지 않다.

그렇다면 효과적 관리를 위해서 짚어봐야 할 포인트에는 어떤 것들이 있는가?

1) 현실적인 목표와 기대 수준 설정

현재 CRM의 효과는 지나치게 과장되어 있다. 컨설팅사나 벤더들은 모든 것이 가능한 것처럼 이야기하기도 한다. 그러나 구축 작업이 진행될수록 가능은 불가능으로 바뀌기도 한다. 따라서 초기 단계에서 정말 가능한 것이 무엇인지를 명확히 해야 혼돈과 비효율을 예방할 수 있다.

2) 아웃풋 이미지의 명확화

CRM 프로젝트를 성공시키기 위해서는 먼저 구축하고자 하는 CRM의 수준을 현실화하고(너무 높게 잡지 말고) 아웃풋 이미지를 명확화 해야 한다.

3) 사전 컨센서스 확보

CRM 구축 프로젝트를 계약하기 전에 프로젝트의 아웃풋 및 진행 방향을 컨설턴트와 클라이언트가 확실히 공유해야 한다.

4) 참여 인력 확정

그 다음, 프로젝트 참여 인력별로 참여 수준을 결정하여, 말로만 팀원이고 실제로는 다른 일을 하는 경우를 사전에 예방해야 한다. 외부 업체의 경우, 중간에 투입 인력을 교체하는 것을 계약상에서 금지해야 한다.

5) 컨틴전시 플랜 수립

이런 노력에도 불구하고 여러 가지 이유로 프로젝트가 처음 계획했던 대로 이루어지지 않는 경우가 있다. 이런 경우에 대비하기 위한 비상 대책(contingency plan)이 마련되어야 한다. 즉 호랑이를 잡으러 갔는데 호랑이가 없다면 과일이라도 따와야 한다. 이때 어떤 과일을 어디에서 얼마만큼 따가지고 올 것인가에 대한 계획이 있어야 한다. 이처럼 CRM 구축 작업이 계획대로 이루어지지 않을 때는 차선의 목표 혹은 지향점을 명확히 해야 한다.

5. 산업별 CRM 구축의 포인트

지금부터는 몇 가지 산업별로 CRM 구축시 고려해야 할 포인트에 대해서 생각해보자.

1) e-비즈니스의 CRM

e-비즈니스는 기본적으로 네트워크 사업이다. e-비즈니스에서 가치를 창출하는 중요 네트워크로는 고객 네트워크, 공급자 네트워크, 파트너 네트워크가 있다. 이 중 가장 중요한 것은 역시 고객 네트워크이며, 이 고객 네트워크를 효과적으로 관리하기 위해서 eCRM이 필요하다.

e-비즈니스는 오프라인 비즈니스에 비해 고객과 직접적으로 접촉하면서 많은 고객 데이터를 수집할 수 있다. 이런 특성 때문에 e-비즈니스에서는 eCRM을 도입하기 용이하고, 그만큼 많은 기업들이 더 정교한 eCRM을 전개하고자 할 것이다. 즉, e-비즈니스에서는 경쟁사에 대한 방어적 입장에서도 eCRM을 도입하지 않을 수 없다.

eCRM은 기존의 오프라인 CRM에 비해 인터넷을 통해 고객 데이터를 수집하고, 고객과 커뮤니케이션할 수 있다는 특징이 있다. 또 e-비즈니스의 특징인 실시간 반응(real time reaction), 실시간 가격 책정(real time pricing) 등을 CRM에 도입할 수 있다는 장점이 있다.

또, eCRM은 고객과 회사 간의 물리적인 거리를 제거함으로써 글로벌(global) 관점에서 고객 관리를 할 수 있다. 즉, eCRM에서는 아프리카나 알래스카에 있는 고객이라도 얼마든지 관리할 수 있다. 물론 이러한 eCRM은 e-비즈니스 기업만이 실행할 수 있는 것은 아니다. 오프라인 기업도 고객 관리는 인터넷을 통해서 할 수 있기 때문이다.

e-비즈니스 기업의 고객 관리에서나 오프라인 기업의 고객 관리에서나 eCRM

개념을 혼동하는 가장 흔한 경우는 바로 eCRM과 개인화(personalization)를 동일시하는 것이다.

개인화는 eCRM 또는 오프라인 CRM의 단계 중 하나에 불과하다.

2) 제조업의 CRM

대부분의 제조업은 제품 차별화가 가능한 업종이다. 또, 고객과의 간접 채널을 통해 접촉한다. 이런 산업의 특성을 고려해보면, 제조업에서의 CRM은 금융업에서처럼 회사의 사활을 결정할 정도의 중요성은 갖지 않는다고 볼 수 있다.

그러나 치열한 경쟁 상황 속에서 CRM의 효과를 무시할 수는 없으므로, 제조업의 특성을 고려한 CRM을 전개하는 것이 바람직하다.

제조업에서는 CRM을 통해 단기적으로 수익을 높이는 것보다는, 고객의 불만을 예방하고 로열티를 증가시켜 장기적 관점에서 고객의 만족도와 브랜드 선호도를 높이는 노력이 필요하다. 고객의 만족도와 브랜드 선호도는 자연스럽게 고객 인당 수익성 향상으로 이어질 것이다.

이를 위해서는 먼저 콜센터나 AS 조직, 웹 사이트 등을 이용해서 고객의 데이터를 수집하고, 통합해야 한다. 그리고 필요성이 높지만 수집하기 어려운 데이터는 수집된 데이터를 바탕으로 추정한다. 마지막으로 수집된 데이터의 분석 결과를 바탕으로 고객의 특성에 적합한 대응 활동을 펼치게 된다.

제조업의 CRM에서는 데이터의 수집이 매우 어렵기 때문에, 이를 가장 중요한 과업으로 생각하기 쉽지만, 다른 산업과 마찬가지로 가장 중요한 것은 고객의 특성에 적합한 대응 활동이 무엇인지를 찾아내는 것이다.

3) 금융업의 CRM

그동안 CRM에 가장 큰 관심을 보였던 산업은 금융업이다. 그 이유로는 2가지를 생각해 볼 수 있다. 먼저, 금융업에서는 제조업에 비해 상대적으로 제품 차별화가 어렵기 때문에 고객 관리에 보다 더 정성을 기울일 수밖에 없었다. 또, 고객과 직접 유통 채널을 통해 접촉하기 때문에 CRM을 실행하기 용이했다. 은행, 증권사, 보험사 등 금융업체들은 자사의 지점이나 영업맨을 통해 고객과 접촉한다. 이런 직접 유통 채널을 통해 실명화된 고객 데이터가 들어온다. 또 고객에게 어떤 혜택을 제공하려고 할 때도 개별 고객을 정확히 식별해서 전해줄 수 있다.

또, 금융업에서 먼저 CRM이 부각되게 된 이면에는, 금융업에서 제품 차별화가 어렵다는 점도 작용했다. 금융업에서의 제품 차별화는 금리나 기간 등의 몇 가지 조건을 조합한 것에 불과하다. 또 정말 특별한 상품이 개발되더라도 경쟁사가 쉽게 모방할 수 있다.

결국 금융업에서 고객과의 관계를 강화하기 위해서는 고객에 대한 부가적인 혜택이 필요하다. 그런데 금융업에서는 부가적 혜택으로 고객에게 금전적인 혜택을 주는 것에는 한계가 있다. 결국 비금전적 혜택으로 승부할 수밖에 없다. 이때, 어떤 비금전적 혜택이 필요할 것인가는 고객에 대한 철저한 조사가 뒷받침된 다음 결정되어야 한다.

4) 유통업의 CRM

유통업에서 고객 확보에 가장 중요한 영향을 미치는 요인은 입지다. 아무리 뛰어난 매장을 갖추었더라도 입지가 고객의 활동 지역과 다르면 고객을 유치하기 쉽지 않다. 따라서 유통업의 CRM은 신규 고객 확보 측면의 노력보다는 기존 고객의 유지와 개발에 초점을 맞추는 것이 바람직하다.

한편, 지금 대부분의 오프라인 유통 업체들은 e-비즈니스 채널을 운영하고 있다. 따라서 오프라인과 온라인 채널의 통합된 CRM이 반드시 필요하다. 오프라인에서의 우량 고객이 온라인에서 천대 받아서는 곤란하다. 또, 특별한 이유가 없는 한 온라인 매장과 오프라인 매장은 일관성을 갖는 것이 바람직하다. 만일, 온라인 매장과 오프라인 매장이 각각 다른 세분 고객을 목표로 하고 머천다이징도 상이하다면, 이때는 온라인 브랜드를 오프라인 브랜드와 다르게 설정하는 것이 혼란을 예방할 수 있는 방법이다. 그러나 실제 운영되는 상황을 보면, 같은 회사의 온라인 매장과 오프라인 매장의 머천다이징이 다르고 가격도 다른 경우가 흔히 있다.

6. CRM 도입사례

1) 캐피털원

1994년 씨그넷 은행(Signet Banking Corp)에서 분사하여 5년 만에 미국 10대 신용카드 발급사로 발돋움한 캐피털원은 97년 여러 문제들을 직면했다. 고객들의 불만사항을 해결하는 시간이 너무 오래 걸린다는 것이었다. 고객 문의전화는 담당자에게 연결되기까지 여러 번 전환되고 오랜 시간 기다려야 했다.

제이 디 파워(J.D.Power and Associates)의 다음과 같은 조사연구는 문제의 심각성을 잘 설명해 준다. “신용카드의 선택에 결정적인 영향을 미치는 요인은 낮은 이자율보다는 콜센터와 대금청구, 결제 과정과 같은 서비스와 카드 발급사에 대한 평판이다.”

또한 캐피털원은 수많은 인력을 콜센터에 배치했으며, 콜센터 비용의 65~70%는 임금이었다. 한 달에 무려 2백 50만 통의 전화를 처리해야 했으며, 이 고객들의 전화비용은 고스란히 회사의 부담이 됐다. 이에 따라 비용절감에 대한 필요가 높아지게 됐다. 시장이 포화되어 가격 경쟁으로 인한 원가 절감의 압박은 더욱 커지게 됐다. 캐피털원은 먼저 고객 정보분석을 통해 전체 고객을 여러 개의 고객군으로 분류하고 그들의 니즈를 파악하는 고객 전략을 수립했으며 전화 이외에 e-채널(e-Channel)을 비롯한 새로운 채널을 신설했다. 이를 통하여 고객집단별로 맞춤 서비스를 제공하는 채널 전략(Mass Customization)을 수립했고 기술 투자와 전략적 제휴를 통하여 이러한 전략을 실현했다. 또 이 새로운 경영방식을 운영할 수 있게 통합된 전략적 CRM 시스템 인프라를 구축했다.

고객이 왜 전화를 하게 되는지 알기 위해 고객 전화 패턴을 분석했고 지능형 콜 라우팅(Intelligent Call Routing)을 도입해 고객의 전화 목적과 적임 담당자를 예측할 수 있었다. 미국 일반 가정에 대한 정보와 전형적인 고객 구매 행위에 대한 정보를 수집해 수 백 만 분의 일 초 내에 누가 왜 전화를 하는지 알아내고 담당 상담자에게 필요한 고객 정보와 함께 넘겨주었다. 이런 방식으로 고객전화를 응대하는 동안 다시 고객정보를 얻어 다른 상품을 판매할 수 있는 기회를 얻었다. 새로운 고객 및 채널 전략을 도입하면서 제공 서비스를 조정했고 새로운 프로그램들도 도입했다. 낮은 이자율과 연회비 외에 그들은 현금보상

(Cashback) 프로그램과 포인트 제도를 시작했다. 캐피털원의 성공적인 CRM의 기반에는 표본집단정보, 고객 전화 패턴, 수익성, 구매기록과 그것을 통한 판매 기회를 저장한 데이터베이스가 있었다. 고객의 문의와 불만은 신속히 처리되고 전화 응대시간은 3분의 1로 줄어 고객에 대한 서비스를 향상시켰으며, 회사는 콜센터의 운영비용을 줄일 수 있었다. 지능형 콜 라우팅으로 인해 인바운드 교차판매(Inbound Cross-selling)가 가능해졌다. 조사와 실험을 통해 고객은 전화받을 때 보다 자신이 전화를 걸었을 때 더 구매할 가능성이 많은 것으로 나타났다. 그래서 고객이 문제나 문의사항이 있어서 전화하고 그것이 해결되었을 때가 다른 품목을 판매하기에 좋은 기회였다. 상담자는 회사의 CRM 시스템으로부터 얻은 고객 정보로 자동차 보험, 대출 등 다른 서비스를 판매했다.

98년에는 새 고객의 절반이 신용카드를 발급 받은 지 1년 내에 다른 품목을 이런 식으로 구매하여 현재 캐피털원은 일 년에 추가 비용을 거의 들이지 않고 백만 달러 이상의 추가 매출을 올리고 있다.

캐피털원의 사례는 표적 고객의 눈높이에서 가치를 창출하는 CRM전략 수립에 관한 것이다. 시장에서의 차별화는 정의된 목표 시장의 니즈에 맞춘 제품과 서비스를 제공하고 그것을 실현할 수 있는 기반설비 구축과 테크놀로지에 대한 투자의 필요성을 인지하는 CRM전략에서부터 비롯한다.

2) Bank of America

Bank Of Ameica는 CRM에 대한 전략적인 방향을 설정하여 현 상황에 맞는 고객유지 프로그램을 우선적으로 실시하기 위하여 우선 40여개 이상의 시스템으로부터 3천8백만 개 이상의 고객데이터를 데이터웨어하우즈로 끌어와 많은 변수들을 사용하여 현재 수익성, 거주지별, 행동특성별, 인구통계학적별, 각 채널별(지점을 사용하는 것과 전자우편, PC통신 등을 이용하는 것)로 고객을 세분화하고, 비즈니스별로 고객을 분류하였다.

12개의 고객유지 프로그램을 운영하였고, 수익에 의한 분류를 통해 2천여 명의 금융 매니저들은 수익성이 높은 상위 10%에 속하는 고객들과의 접촉빈도를 높였다. 결혼, 양육, 홈쇼핑, 퇴직, 적정대출, 투자상품 등과 같은 생활형태에서 정보를 수집해 97년에 실시된 파일럿 프로그램에서 3만3천명의 고객들을 대상으로 예측 모델링기법을 사용하고 정보수집 프로그램은 매달 실시하였다. CRM 효과는 Bank of America에 더 많은 수익을 제공하게 되었고, 가치가 높은 고객들에 대한 정보를 더욱 자세하고 세밀하게 구할 수 있어 1천4백여 명의 고객 중에서 2천여 계좌와 1천2백50만 달러의 부채를 발견할 수도 있었다.

3) 보스턴 은행

보스턴 은행은 우량고객을 대상으로 특별 프로그램을 운영한 결과 3년 만에 고객 수 3배, 대부금 잔고 9배 증가를 기록하였다. 보스턴 은행의 특별고객관리 프로그램은 보스턴 은행의 상위 15%의 고객이 은행수익의 85%를 점한다는 사실을 고객 데이터베이스 분석을 통해 알게 된 후, 우수 고객들을 특별 관리하기로 결정하고 우수고객을 자세히 분석해 본 결과 취미(골프, 테니스, 캠핑, 요트타기)를 기준으로 몇 개 그룹으로 묶을 수 있음을 발견하였다.

은행이 주축이 되어 이들을 위한 취미클럽을 결성하고 모든 비용을 후원하자 처음에는 의아해 했던 보스턴 은행의 우량 고객들은 이 클럽을 통해 자신의 취미생활을 부담 없이 즐기게 되었고, 지역 상류인사들과의 교류 폭도 넓힐 수 있었다. 무엇보다도 은행이 자신들을 특별 대접한다는 데 대해 호감을 갖게 되었으며, 이는 우량고객의 지속적인 확보로 연결되었다.

4) 나이키의 채널 차별화 전략

나이키는 스포츠라인닷컴, 포그독 등 경쟁 기업들의 매출이 급증하자, 98년에 온라인 기업으로의 전환을 시도하였다. 이 과정에서 기존 대리점들의 반발에 부딪쳤으나, 온라인과 오프라인간의 차별화를 통해 이들과의 마찰을 최소화하는 채널 차별화 전략을 택하였다.

나이키는 대리점주들과 협의를 거쳐 인터넷상에서는 기존 매장과 차별화된 고가, 고품질 제품만을 취급하는 한편 기존 대리점에 대한 판촉활동을 더욱 강화하기로 하는 등 인터넷 판매 상품과 대리점 취급 상품을 분리하는 전략으로 신구 채널간 경쟁을 회피한 결과 99년말 인터넷을 통한 매출이 900% 증가했고 대리점 판매도 10%나 증가하였다.

5) 찰스슈왑의 hi-tech & hi touch

인터넷 증권거래의 40%를 점유하는 찰스슈왑도 오프라인에 330여개의 점포를 갖추어 신규고객의 70%는 오프라인 점포를 방문한 후 고객으로 등록하도록 하고 오프라인의 지점, 인터넷 사이트, 콜센터를 유기적으로 연결하여 상호보완적으로 고객을 지원하도록 하였다. 즉 고객은 형식상 지점에 귀속되고, 대면업무 및 고객교육의 장으로 활용하고 24시간 이용 가능한 콜센터는 지점의 담당자와 고객정보를 공유하면서 인터넷은 real time으로 비용발생이 거의 없이 고객의 특성을 고려하여 정보를 제공하였다.

6) 시티뱅크의 고객고착 프로그램

시티뱅크는「한번 고객을 평생 고객」으로 만들기 위한 각종 프로그램을 운영하고 있다. 시티뱅크의 신용카드를 사용하여 물건을 구입한 후, 30일 이내에 그 가격보다 더 저렴한 곳을 고객이 발견하고 이를 증명하면 차액을 돌려주었다. 우리나라의 일부 할인점이 고객확보의 목적으로 실시하고 있는데, 시티뱅크는 가격에 대해 책임질 필요가 없는 금융업체임에도 불구하고 수행한다는 점이 특징이다. 이외에 시티뱅크 카드로 물건을 구입한 후 도난당할 경우 그 제품 값 전액을 돌려주기도 하고, 분쟁이 발생하면 일단 고객에게 환불조치를 한 후에 판매자와 분쟁을 해결하였다. 이 때문에 고객은 다른 신용카드를 사용하지 않고 시티뱅크의 것만을 사용하게 되었다.

7) 대우증권

지난 99년부터 지난해 6월까지 10개월간 마케팅부·업무개발부·업무시스템부 등이 참여해 데이터웨어하우스를 외주형태로 추진했다. 개발 범위는 분석DB인프라·CRM·마케팅관리시스템·온라인통계처리시스템 등이다. 주요 핵심 분야는 e-KM, CRM 시스템 구축이다.

e-KM시스템은 대우증권 리서치센터 애널리스트들이 축적하고 있는 경제 및 기업에 관한 정보와 관련 데이터 및 분석자료를 체계화해 공유하고 인터넷상에서 리서치 자료를 실시간으로 고객에게 제공하는 시스템이다. 대우증권은 e-KM

시스템 구축을 통해 업무프로세스의 개선과 수익예상 모델의 표준화, 다양하고 전문화된 리서치 자료의 체계적 생산이 가능해졌다. 투자자들은 대우 증권 홈페이지(www.bestez.com)에서 리서치 자료를 자유롭게 접할 수 있는 맞춤정보 서비스를 받을 수 있다. CRM시스템은 경영전략, 조직 및 프로세스, 고객접점 채널상의 모든 데이터와 시스템을 고객중심에 맞춰 구축한다. 이에 따라 주요고객 파악, 고객 이탈방지, 우수고객 유지, 잠재고객 활성화를 통해 고객가치 증대와 고객니즈·상품속성·시장정보에 기초한 통합마케팅을 추진하여 기업 수익 창출을 목표로 하고 있다. 특히 CRM 측면에선 회사매출 기여도에 따라 고객등급화를 추진하고 고객별 인구통계학적인 정보를 취득하며 또 기존의 계정계·정보계 자료를 통합하도록 했다. 대우증권 CRM은 더 이상 IT적인 접근방식이 아닌 정보계 시스템과 업무계를 총괄하는 시스템이며 단순한 데이터마트가 아니다.

제8장 프로마인드 갖기

제1절 프로이미지메이킹

1. 이미지메이킹

1) 이미지메이킹의 이해

이미지메이킹이란 "자신을 어떻게 표현하고 어떻게 상대방에게 전달할 것인가"로써 자신을 타인에게 자신의 능력이나 호감도를 높일 수 있는 모습으로 만드는 것을 말한다. 이미지메이킹이라고 하면 흔히들 '표정', '옷차림', '세련된 제스처와 말투' 등을 생각하지만 이보다 더 중요한 것은 자신을 사랑하고 존중하며 인생을 알차게 가꾸어 내면을 풍부하게 만드는 것이다. 그리고 이에 따라 '표정', '옷차림', '세련된 제스처와 말투' 등도 잘 다듬어갈 수 있어야 한다.

즉 내적 이미지와 외적 이미지에 대해서 올바르게 이해하고 프로이미지를 표현할 수 있도록 노력해야 할 것이다.

① 내적 이미지 메이킹
- 자신감을 강화한다.
- 커리어 맵(Career Map)을 창조한다.
- 인간적인 매력을 가꾼다.

② 외적 이미지 메이킹
- 외모로 자신의 가치를 높인다.
- 예의를 지킨다.

※ 커리어 맵을 만드는 7가지 방법

1. 오르고 싶은 비전을 세워라.
산에 오르고 싶다면 어느 산에 오를 것인지 결정해야 한다. 목표에 이르려면 작은 단계부터 차근차근 밟아 올라가는 것을 상상해보라.

2. 꼭 이루겠다는 열정을 가져라.
무엇인가 성취했다는 말은 승부욕이 강하다는 말과 같다. 거머쥐려고 하는 힘이 강하면 강할수록 성취될 가능성은 큰 것이다.

3. 성공한 사람을 벤치마킹하라.
최고가 되고 싶으면 현재 최고인 사람을 닮도록 하라. 주변에 성공한 사람이 없다 하더라도 성공한 사람을 가까이 있다고 생각하고 닮도록 하라.

4. 자신의 관심분야의 멘토를 찾아라.
어떤 분야에 성공하고 싶든 간에 당신에게 목표가 생기면 곧바로 조언을 해줄만한 사람을 찾아라. 인품은 물론 기술적인 면도 배울 수 있다면 금상첨화일 것이다.

5. 관심분야의 추천도서 20권을 읽어라.
이론적인 교과서로 시작하지 말라. 당신이 정말로 좋아하는 사람이 저술한 20권의 좋은 책을 찾아 정독하라.

6. 읽은 책을 다른 사람에게 리뷰하라.
20권 정도의 책을 읽고 직접 다른 사람과 이야기 하다보면 자신만의 생각이 떠오를 것이다. 남을 가르치는 것만큼 배운 것을 명확하게 정리하는 방법은 없다.

7. 자신과 비슷한 환경에 있는 행동자를 찾아라.
책을 읽는 것과 행동하는 것은 다르다. 주변에 행동으로 실천하는 사람을 찾아라. 그가 어떤 식으로 디테일한 단계를 밟아 성취시키는지를 엿봐라. 계획에 따라 매일 실천하는 광경을 목도하며 당신은 탄식을 지를 것이다. 바로 이것이라고 (비젼+열정+멘토링+리딩+리뷰+행동). 성과는 실천적인 행위로부터 시작된다.

<정미영 외, 이미지메이킹과 서비스매너>

2) 이미지와 관련된 용어

(1) 에티켓(estiquier)

프랑스어의 estiquier(에스띠끼)에서 유래된 말로 그 어원은 베르사이유 궁전의 "잔디밭에 들어가지 말라"는 나무푯말의 주의사항이 시초이며 "다른 사람의 입장을 생각하라"는 의미의 글을 입장권의 티켓에 붙임으로써 '티켓'에 '에'라는 접두어가 합해져서 만들어진 것이다.

(2) 매너(manner)

매너는 원래 manuarius(마누아리우스)라는 라틴어에서 생겨났다. 행동, 습관의 뜻을 내포하고 있으며 에티켓과 달리 어떤 일을 할 때 바람직하고 좀 더 쾌적하고 우아하다는 감각에서 생겨난 습관을 말한다.

(3) 예절

예의범절(禮儀凡節)의 약어로써 사람과 사람 사이의 관계를 원활히 유지하도록 하기 위한 행동상의 질서를 이루는 형식을 말한다. 즉 말씨와 태도 및 행위의 총체를 일컫는다.

3) 직장인으로서의 에티켓과 매너

(1) 출근할 때

옷차림에 신경을 쓴다. 이른 시간 또는 휴일일지라도 출근을 할 때는 깨끗하고 단정한 복장이어야 한다. 너무 유행에 뒤떨어진 진부한 옷차림 또는 지나치게 유행을 앞서가는 옷차림은 피하도록 한다.

(2) 자리를 비울 경우

근무 시간에는 원칙적으로 자리를 비우지 않는 것이 바람직하나 잠시 비워야 할 경우에는 동료직원에게 혹은 팀 리더에게 행선지, 용건, 돌아올 시간 등을 미리 알려둔다.

(3) 복도나 계단에서

복도나 계단에서는 좌측통행을 하고, 외부 손님이나 상사를 앞질러 가지 않도록 한다. 복도나 계단에서 긴 이야기를 하는 것은 삼가고, 담배를 피우거나 껌을 씹으며 돌아다니지 않는다. 외부 손님을 만나면 찾는 곳은 친절하게 안내한다.

(4) 퇴근할 때

퇴근준비는 근무시간이 끝난 후부터 한다. 퇴근시간이 되기 전에 미리 서두르지 않도록 한다. 금일 처리한 일을 체크하고, 익일 해야 할 일도 점검한다. 책상 위에는 아무것도 없도록 깨끗하게 치우고 전기기구의 전원을 반드시 끈다. 마지막으로 상사나 동료에게 퇴근인사를 한다.

(5) 회식 자리에서

회식은 근무의 연장으로 생각하고 예의바르게 행동한다. 특히 술자리에서 동료나 상사의 험담을 해서는 안된다.

제2절 스트레스 관리

1. 스트레스의 이해

1) 스트레스의 정의

스트레스(Stress)라는 말의 어원은 라틴어의 "Stringer"로 "팽팽하게 죄다"라는 뜻에서 유래되었으며, 처음 영어로 사용된 것은 17세기이다. 17세기 스트레스라는 개념은 긴장, 피로, 타진, 어려움, 곤란, 역경 또는 고생을 의미했고, 18세기에서 19세기 사이에는 힘, 압력 또는 긴장을 뜻하는 물리학과 공학의 용어로서 스프링(spring)과 같이 탄력을 가지고 있어서 힘에 저항하여 원형으로 돌아갈 수 있는 동질의 고정체에만 적용되는 특수한 개념으로 사용되었다.

캐논(Cannon)의 향상성(homeostasis)이론이 대두되면서 의학적 용어로 이동

되어 긴장이나 좋지 않은 건강의 의미로 사용되었다. 또 부담을 주는 자극을 '스트레서(stressor)', 자극에 대한 개인의 반응을 '스트레스'라고 구분하여 정의하기도 한다.

즉 스트레스란 외부에서 가해지는 여러 가지 자극이나 내부에서 생리적으로 발생하는 자극 또는 마음속에서 일어나는 갈등 등으로, 일상생활을 해나가는 데 불편이나 지장을 초래하는 모든 형태의 방해현상이라고 정의할 수 있다. 또 만성적으로 불안상태를 불러일으키는 모든 자극을 통틀어서 말하기도 한다.

2) 스트레스 요인

스트레스는 내부적인 스트레스, 외부적인 스트레스로 구분한다. 내부적인 스트레스는 정신적인 자극, 신체 피로적인 자극, 성격요인 등에서 나타나고 외부 스트레스는 물리적인 자극, 화학적인 자극, 생물학적인 자극 등으로 구분된다.

(1) 내부적인 스트레스 요인

정신적인 것과 신체적인 것을 구분하기 어려운 경우도 많으나 정신적인 자극, 신체 피로적인 자극, 성격요인 등에 의해 나타난다.

① 정신적 자극 : 대인관계에서 발생되는 정서적 자극에 인하여 스트레스가 생긴다. 정신적 자극에는 불안, 초조, 분노, 적대감, 긴장, 증오 등이 있으며, 일시에 과도한 자극이 스트레스의 요인으로 작용한다.

② 신체 피로의 자극 : 반복적인 업무, 장시간의 업무, 불규칙한 식사습관 등으로 인하여 생체의 리듬이 깨져서 생기는 스트레스이다.

③ 성격적 요인 : 개인의 가치관·행동양식에 따라 스트레스의 영향이 가감된다.

(2) 외부적인 스트레스 요인

물리적인 자극, 화학적인 자극, 생물학적인 자극 등으로 인하여 단시일 내에 치료되지 않고 자주 반복되거나 만성적인 경우에는 스트레스에 많은 영향을 미친다.

① 물리적 자극 : 소음이나 진동, 더위와 추위, 장시간 작업, 화상, 동상 등으로

외부에서 인체에 가해지는 자극을 말한다.

② 화학적 자극 : 산소결핍, 절식, 기아, 일산화탄소, 음주, 음식물 과잉섭취, 비타민 B등의 부족, 약물 과다복용 등 인체의 내부와 외부에서 발생한 화학적인 변화로 인해 발생한 스트레스를 말한다.

3) 스트레스와 질병의 관계

우리가 스트레스를 받으면 이에 대한 반응이 질병으로 나타기도 한다. 크게 심인성 질병과 신체성 질병의 두 가지로 범주로 나뉜다.

① 심인성 질병

- 병원균에 의하지 않은 심리적인 질병
- 만성적인 스트레스 반응으로 신체 부위와 조직의 구조의 기능이 변화할 때 나타난다.
- 기관지 천식, 만성 요통, 편두통, 위궤양, 대장염 등이 이에 속한다.

② 신체적 질병

- 스트레스 반응의 장기적인 영향으로 신체의 방어체계가 약화되어 감염에 취약해지고 질병으로 발전하게 되어 나타남.
- 심장혈관계, 내분비계, 근육계, 소화계 및 면역계 등이다.

2. 스트레스 관리

스트레스 관리는 스트레스를 없애기 위한 처방전 같은 것이 아니라 스트레스로부터 받을 수 있는 영향을 자신의 상태에 알맞게 조절하는 것을 말한다. 스트레스는 중립의 성격을 띠고 있어서 어떻게 조절하는가에 따라 결과도 달라지기 때문이다.

현대인에게 사회적 환경을 이루고 살아가면서 여러 가지 심리적 동기의 좌절로 인해 스트레스가 더 증가하였다. 따라서 현대인에게는 스트레스를 관리하는 것도 개인의 경쟁력이 되고 있다.

스트레스를 관리함으로써 자신의 인지 능력과 정서에 변화를 줄 수 있을 뿐 아니라 스트레스로 인해 반응을 보이는 신체에도 긍정적인 영향을 줄 수 있다. 스트레스 관리 유형에 대해서는 다음과 같다.

① 스트레스의 환경 관리 : 계속 부정적인 상태에서 문제를 바라보면 부정적인 정서가 더 강해진다. 자신에게 긍정적인 정서를 만드는 데 도움이 되는 환경이 무엇이었는지 생각해보고 선택한다.
② 동기의 관리 : 부적절한 동기나 목표의 정도를 줄이는 것도 스트레스의 관리이다.
③ 인지의 관리 : 긍정적인 사고와 수용의 태도가 스트레스 관리에 도움이 된다.
④ 행동의 관리 : 행동을 갑자기 변화시키는 것보다 조금씩 변화를 준다.
⑤ 신체의 관리 : 스트레스는 근육을 긴장시킨다. 근육이완이나 스트레칭은 스트레스로 인한 신체의 반응을 줄여준다. 신체의 관리는 스트레스 반응으로 나타난 신체 상태를 긍정적으로 변화를 주거나 스트레스 반응을 미연에 방지해준다. 또 신체 상태를 관리함으로써 인지, 정서, 행동의 변화에도 영향을 준다.

텔레마케팅 용어의 이해

※ Account Paring
기업이 세분 시장의 고객에게 판매를 하는데 할당되는 특정 방문판매원과 텔레마케팅 교육을 받고 사무실에서의 내근하는 텔레마케터를 연결시켜 주는 것.

※ Abandoned Call (포기호)
통화량이 폭주하여 TM센터의 응대 직원이 부족할 때, 전화를 건 고객은 통화중 신호. (Busy Tone)를 듣게 되고 일부 고객은 기다리는 도중에 끊어버리는 경우가 생긴다. 이것을 일명 포기호라고도 부르는데 고객서비스 측면에서 센터의 적정한 규모를 산정할 때 중요한 기초 자료로 검토된다. 예를 들어 이 비율(Abandoned Call Ratio : 총 Call중 포기Call 비율)이 시간당 5%를 넘는다면 그 시간대에 인원을 추가 투입해야 고객 서비스에 문제가 없다는 것이다.

※ ACD (Automatic call distributer)
계속적으로 걸려오는 전화(콜)를 해당 시점에서 비어있는 곳이나 다음 응대를 위해 단순히 대기하고 있는 텔레마케터에게 순차적으로 균등하게 분배하는 장치. 또한 통화량이 용량보다 많은 경우에는 일정 시간 대기하고 있는 고객에게 '혼잡 중으로 응답이 늦어진다'라는 녹음 메시지를 자동적으로 내보낸다.

※ ACRDM (Automatic Computer Record Dialing Machine)
사전에 지정된 전화번호를 스스로 돌린 후 자동적으로 녹음된 메시지(대개는 판매를 유혹하는 내용)를 전달하는 기계

※ ADRMP (Automatic Dialing Recorded Message Player)
재프로그램된 전화번호를 데이터베이스 기능에 의해 순차적으로 자동 다이얼링해서녹음 메시지를 내보내고 그 반응의 기록까지 처리하는 장치

AID (Automatic Interaction Detection)
각종 요인이 섞인 리스트 중에서 동질의 시장을 세분화하기 위한 프로그램이나 방법

ANI (Automatic Number Identification)
전화를 건 고객의 번호를 수신자가 알 수 있게 신호를 함께 보내주는 전화국의 서비스를 통칭한다. 전산 시스템을 설치하고 화면을 보면서 고객 응대를 하는 경우 전화번호로 보관된 고객 정보를 검색하여 통화를 시작하는 순간에 고객의 정보를 화면에 나타내주어 신속한 고객 응대가 가능하다.

Auto Call System
Auto Dialer 전화기에 부착된 기억장치에 많은 전화번호를 저장한 후 필요시에 단순히 꺼내 이용하거나 혹은 자동적으로 다이얼링 할 수 있는 특징으로서 이러한 특정기기를 의미하기도 한다.

Automatic Answering Machine (자동응답장치)
상대방과 직접 통화할 수 없을 때에 메시지를 녹음·재생하여 전달할 수 있는 장치이다.

Automatic Dialer (자동다이얼장치)
전화기 특징의 하나로 전화번호를 메모리에 기억시킬 수 있다.

Average Speed of Answer (평균응답속도)
일정시간 동안에 모든 상담요원이 모든 호에 응답하는데 소요하는 평균시간

B to B (Business-to-business) TeleMarketing
개인 소비자를 대상으로 TM업무를 실시하는 것이 대부분이지만 기업 간의 TM활동도 매우 성행되고 있다. 예를 들어 사무용기기 혹은 안전기기 같은 산업재에 대해서 기업(흔히 Account라고 함)을 상대로 행하는 마케팅 업무를 의미한다. 시스템 설계시 주의할 점은 개인 대상 경우와는 달리 Account별(거래처별. 즉, 그 회사에 소속된 개인 들이 필요에 따라 그룹으로도 관리가 되도록)로 대상고객 데이타를 관리해야 한다는 점이다.

※ Blocked Calls (장애호)
고객에게 통화중 신호만을 계속 보냄으로써 결국 처리하지 못한 호를 말한다.

※ Boiler Room (전화만 갖춘 브로커)
사전에 지정된 전화번호를 스스로 돌린 후 자동적으로 녹음된 메시지(대개는 판매를 유혹하는 내용)를 전달하는 기계이다.

※ Burnout (최저 비능률상태)
텔레마케팅 요원에게 있어서 성과나 동기부여가 현저하게 저하되어 있는 상태를 의미한다. 이는 일반적으로 다른 분야에 근무할 기회를 갖지 못한 상태에서 지나치게 오랜 동안 전화업무에만 종사한 경우에 나타난다.

※ Business-to-Business Telemarketing
사업자 대 사업자간 텔레마케팅. 주로 산업별, 기능별, 직무별 기준으로 여러 사업체를 세분화하여 마케팅 하는 것을 말한다.

※ Business-to-Consumer Telemarketing
소비자를 대상으로 하는 텔레마케팅을 말한다.

※ Call Accountion (통화기록 관리)
수발신한 일시, 다이얼 번호, 통화시간 등 내선으로 식별되는 콜에 대한 기록을 제공하는 기능이다.

※ Call Management System (콜 관리 시스템)
텔레마케팅의 관리 효율성 및 생산성 향상을 위해 회선 또는 센터의 전체 이동 상황이나 코스트에 관한 상세한 정보를 얻을 수 있는 시스템이다.

※ Call Sequencer (착신 관련 분배장치)
장시간 대기중인 콜을 처리하기 위해 응대하지 않고 있는 다른 텔레마케터가 착신 콜을 분배하는 장치로 기초적인 리포트를 얻을 수 있으며 발신자가 일정 시간 대기중인 경우 안내방송을 내보내는 장치이다.

CAT (Computer Assisted Telemarketing)
컴퓨터 등 전문 소프트웨어와 하드웨어를 활용하여 텔레마케팅 업무를 강력하게 지원해주는 체계를 말한다.

Closed-Ended Questions (폐괄식 질문)
특정하고 구체적인 반응(대개는 한 개의 단어)을 유도해 낼 때 사용한다.

Cold Call
이전에 일체의 접촉이 없었던 상대에게 전화에 의한 판매나 프로모션을 실시하는 것을 말한다.

Compiled List
전화번호부, 자격증 소지자, 자동차 등록, 출생신고, 고교·대학 졸업생 명단, 메이커의 보증서, 상품권의 반환 등 과거에 반응을 나타내지 않았던 리스트를 말한다.

Computer Response Time (컴퓨터 반응시간)
전화상으로 정보요청을 받을 때와 해당 정보를 단말기로부터 검색해낼 때까지의 시간간격을 말한다.

Consultative Selling (상담적 판매)
고객별로 특정한 욕구를 찾아내어 이를 충족시킬 제품이나 서비스를 판매하는 일련의 매우 인적인 판매 과정을 말한다.

Cost/Benefit Analysis (비용/이득 분석)
해당제품이나 서비스를 구매하는데 소요되는 실제비용과 기회비용에 대해 예상되는 총수입과 이익을 비교 평가하는 작업이다.

CPC (Cost Per Call)
한 콜당 드는 코스트를 말하는데, 전체의 워크시트를 작성해서 1인 1시간당의 코스트를 산출하여 1시간당 평균 수신건수 또는 평균 도달건수로 나누어 구한다.

CPO (Cost Per Order)
한 건의 주문을 획득하기 위해 들인 코스트를 말한다. 즉, 이익을 0으로 생각하였을 경우에 단위 상품당 얼마까지 프로모션코스트를 들일 수 있는가 하는 손익분기점이 되는 금액을 말한다.

CTI (Computer Telephony Integration)
컴퓨터와 전화시스템의 통합을 지칭하는 것으로 PC를 통해 전화시스템을 효율적으로 사용할 수 있도록 함으로써 자동, 재다이얼 기능을 비롯해 영상회의 기능, 자료전송 및 음성사서함 기능, 송신호에 대한 자동 정보제공기능 등을 구현할 수 있다. CTI의 응용분야는 음성 및 콜센터와 같은 전통적인 분야에서 통합메시징 및 네트워크 팩스분야에 이르기까지 전분야에 걸쳐 다양하게 활용되고 있다.

CTI 콜시스템
보유하고 있는 DB를 활용해 고객에게 각종 편의를 제공하고 기업의 업무 효율화를 증대시키기 위해 은행 등 금융권을 중심으로 도입되고 있는 시스템. CTI 콜 시스템은 기존 콜센터내 상담원이 부담했던 고객확인, 요구접수, 정보입수, 거래처 등 단위업무를 컴퓨터와 통신, DB, 지능형 정보처리장치가 분담 처리함으로써 획기적인 대고객 이미지 개선이 가능하다. 특히 CTI콜 시스템은 고객에 대한 여러 가지 정보를 DB화하고 이를 바탕으로 고객과 일대일 마케팅이 가능한 DB마케팅과 전화를 기본 매체로 통신과 컴퓨터, DB를 하나로 통합, 고객과 밀착된 텔레마케팅 등 컴퓨터를 이용한 총체적 마케팅이 가능하다.

Customer Cycling (고객주기)
사전에 계획한 고객의 재접촉 기간

Data Processing
필요로 하는 대답 및 결과를 얻기 위해 실시하는 데이터 처리. 조작. 기록. 분류. 요약. 계산. 분산. 축적 등이 포함된다. 컴퓨터나 워드프로세스는 이러한 업무를 수행하기 위한수단이다.

▩ Direct Inward Dialing (DID)
착신 교환수나 교환대를 거치지 않고도 곧바로 전화를 받을 수 있게 한 방식

▩ Direct Response (직접반응)
매체를 통해 광고메시지를 접함으로써 얻게 되는 결과적인 행동을 말한다.

▩ DOV (Data Over Voice)
전화와 컴퓨터 단말회선을 동일회선으로 장치하여 음성과 데이터 통신을 동시에 실시하는 것을 말한다.

▩ Direct Response Advertising
신문, TV 등 대중매체에 광고를 하면서 소비자 개개인의 직접반응(Direct Response)을 얻도록 기획된 광고를 통칭하며 소비자 데이터를 축적하기 위한 수단으로 흔히 사용된다. 절취선을 잘라 회송하면 안내책자를 보내준다든가 TV 광고에 과감하게 주문 전화번호를 삽입하는 것 등이 이런 광고 형태이며 노출일정에 따라 Inbound TeleMarketing의 규모를 조절하는 것이 매우 중요한 준비이다.

▩ Follow Up System (사후처리 시스템)
텔레마케팅 센터로부터 현장 판매원에게 넘겨진 현재 리드의 상황을 파악하고 이에 따라 앞으로의 고객 접촉에 대해서 스케줄링 하는 시스템이다.

▩ Fulfillment
상품판매나 텔레마케팅 판촉시 발생되는 모든 관리업무를 말한다. 예를 들어 수주처리 업무, 상품의 포장·발송 업무, 재고관리 업무, 대금청구 업무, 불평·문의 등의 처리업무, 반품·교환 업무 등이 포함된다.

▩ Head Set
전화기에 접속한 이어폰형의 송수화기로 양쪽귀용과 한쪽귀용이 있다. 양손으로 작업을 하면서도 대화를 할 수 있기 때문에 텔레마케터의 작업 능률을 향상시킨다.

▩ Hotline (직통선)
고객이 특정번호를 이용함으로써 관심을 표명하거나 정보를 얻을 수 있도록 한 고객서비스이다.

▩ Inbound Telemarketing
고객 혹은 잠재고객으로부터 전화를 수신하는 형태의 텔레마케팅으로, 카탈로그 통신판매의 전화수주나 대중매체광고에 의한 반응획득, 각종 고객 문의·상담 등에 사용된다. 전화를 걸어오는 고객주도형이기 때문에 수주체제의 정비 등에 비용은 들지만, 판매 또는 수주로 비교적 용이하게 연결시킬 수 있다.

▩ In-House Telemarketing
대행사를 이용하지 않고, 자사 내에 텔레마케팅 설비와 필요인원을 배치하여 텔레마케팅을 실시하는 것을 말한다.

▩ Inside Sales
현장판매와는 달리 기업 내에서 벌이는 전화판매

▩ Interpersonal Communication Skills (대인의사소통 기술)
상대방에 경청하고 호의를 얻어내고, 자신과 아이디어를 명확하고 상세하게 전달할 수 있는 능력. 텔레마케팅에 있어서는 목소리와 태도를 조절함으로써 숙달될 수 있다.

▩ IVR (Interactive Voice response : 자동음성 안내)
고객으로부터 걸려오는 다양한 전화 중 단순한 문의 등은 ARS 등에 의해서 해결함으로써 주요 고객과의 상담 실적 향상은 물론 텔레마케터의 업무격감과 동시에 이에 따른 매출액 향상에도 크게 기여할 수 있다. 음성인식에 관한 기술이 성공적으로 상용화되면 획기적으로 이용도가 높아질 시스템이다. 현재로서는 고객의 음성 자체를 음성객체 단위로 데이터로 보관시켜주는 DB-Capture라는 기술을 활용할 수 있다.

▩ Junk Phone Calls (폐호, 정크호)
표적 마케팅이 되지 못함에 따라 아무에게나 전화하여 판매를 유도함으로써 상대방이 전혀 원하지 않는 냉담한 성격의 통화를 말한다.

▩ Lead
주문이나 계약이 이르기 전의 판매예상 상태를 말한다. 즉, 상품이나 서비스에 관한 문의·불평·자료청구 등 어떠한 형태의 흥미를 나타내고 있는 "구입 가능성을 내포한 잠재적인 고객"의 반응을 의미한다.

▩ Lead Generation (리드창출)
특정 매체를 이용한 자극 활동을 말한다.

▩ Lead Qualification (우량 잠재고객 선발)
여러 잠재고객 중에서 우량 잠재고객을 선별하는 것으로, 판매하려는 상품 혹은 서비스에 대한 고객의 흥미·호의도·가능성 등의 정도를 텔레마케팅에 활용하여 종합적으로 판정하는 것을 말한다. 문의·자료청구가 있었던 잠재고객에게 텔레콜을 실시하여 구입의지가 있는지 여부를 확인하고, 동시에 망설이는 고객이나 구입하지 않은 고객으로부터 무엇이 구매를 꺼리게 하는지 등의 '생생한 정보'를 수집하게 된다. 이것을 이후 프로모션 계획 등에 반영시킬 수 있는 중요한 기법이다.

▩ List Cleaning
외부 기관이나 자료 등에서 임의적으로 수집한 고객의 리스트나 입수한 뒤 상당한 시간이 경과하였거나 반송된 리스트에 대해 주소·성명·전화번호 등의 고정 데이터의 변경 등을 뽑아내고 최신데이터를 체크하는 것을 말한다. 특히 통신판매 등의 카탈로그 송부시 이런 데이터 변경이 반응률에 크게 영향을 미치게 되므로 다른 텔레마케팅 시스템과 병행하여 실시하는 경우가 많다.

▩ List Management System (리스트 관리 시스템)
활동 중인 고객이나 잠재고객의 리스트를 관리하는 데이터베이스 시스템으로 자체적으로 보유한 리스트나 외부에서 구한 리스트의 중복을 없애는 것으로 다이렉트 메일의 발송과 텔레마케팅 프로그램의 발신 등의 대상자를 선별하는데 사용할 수 있다.

▩ List Screening

기존의 고객 리스트를 선별하여 목적에 맞는 우량고객만을 추출하는 것을 말하며, 리스트 클리닝과는 별도의 작업이다.

▩ Marketing Communication Mix

기업이 그들의 고객과 의사소통하며 활동하기 위해 사용할 수 있는 광고, 박람회, 현장판매원, 텔레마케팅 등 다양한 여러 수단들을 선정하고 통합화 하는 것을 말한다.

▩ Maximum Delay (최대 지연시간)

측정 기간 동안에 전화를 건 사람이 상담요원과 통화하기 위해 수화기를 들고 기다린 최장시간을 말한다.

▩ Merge Perge

리스트 보강을 위해 두 가지 또는 그 이상의 리스트를 결합시키는 것을 말한다. 자사가 보유한 리스트 내에서 중복된 이름과 주소 등을 제외할 수 있고, 신규고객 개척을 위해 외부 리스트를 사용하는 경우에도 자사 보유 리스트와 중복된 부분을 삭제할 수 있다.

▩ MIS (Marketing Information System : 정보관리시스템)

판매담당자의 영업활동 확대나 관리자의 영업평가의 고객관리 등에 필요한 판매지원 정보를 제공하는 시스템. ACD에 조합된 것을 통해 텔레마케터의 업무상황, 보류 콜의 상황, 시스템의 장애경력 출력 등 텔레마케팅 센터 내 활동에 관한 여러 가지 데이터를 얻을 수 있다.

▩ Monitoring

텔레마케터의 교육·훈련, 서비스의 감시를 통한 고객응대 능력제고, 긴급시 대응을 위해 고객과 텔레마케터간의 통화 내용 샘플을 듣는 것을 말한다.

Open-Ended Question (개괄식 질문)

예, 아니오라는 답변 대신에 응답자로 하여금 자신의 말로 자유로이 대답하도록 유도하는 질문

OR (Order Rate: 주문획득률)

총 발신 수에 대한 데이터수의 비율을 의미한다. 주문획득률을 올리기 위해서는 정비된 리스트를 활용하여 타깃마케팅을 실시하는데 스크립트 작성, 텔레마케터의 능력 등에 의해 크게 좌우된다.

Order Processing (수주처리)

가장 기본적인 텔레마케팅 업무로 고객의 전화주문을 처리하는 것을 말한다. 수주처리에 비해 복잡한 업무로는 교차판매, 업셀링(up-selling), 계약갱신, 카탈로그 판매, 예약처리 등을 들 수 있다.

Outbound Telemarketing

고객 또는 잠재고객에게 전화로 발신하는 적극적인 형태의 텔레마케팅. 잠재고객 발견이나 판매 약속 등의 영업, DM 발송, 각종 캠페인이나 신제품 안내, A/S, 시장조사 등 광범위한 활용이 실시되고 있다. 하지만 잘 정비된 고객 리스트와 고객의 이해가 전제되어야 한다.

PBX (Private Branch Exchange : 사설교환기)

구내전화 상호간 또는 구내전화(내부)와 가입전화회선(외부)을 접속하는 교환기. PBX는 제도상 단말기와 같이 이용자가 자유로이 선택하여 구입하거나 빌릴 수 있지만, 운용·유지·보수도 이용자가 해야 한다. 불특정 다수를 대상으로 하는 전화국의 교환기와 달리 서비스 대상이 구내에 한정되어 있기 때문에 각각의 업무 내용에 의해 외부와 내부를 호출음으로 식별하거나, 회선별로 발신 가능한 지역을 제한할 수도 있다. 외부전화의 상대가 부재시에는 사내방송으로 호출하여 응답하는 회선에 전송하기도 한다. 자동전송, 부재전송, 부재안내, 회의전호, 발신자번호 표시 등 다양한 서비스 기능을 한다.

Predictive Dialing

CTI기능의 하나로 CTI서버가 자동으로 전화를 걸어주어 상대고객이 수화기를 드는 순간 TM직원과 통화를 연결 해주는 기능을 의미한다. 즉, 직원이 전화 걸 대상고객을 선택하여 다이얼링을 하는 것이 아니라 CTI서버가 통화된 것만을 연결하기 때문에 통화업무 생산성이 매우 높아지기 때문에 TM직원이 100명 이상인 대형Call Center에서 많이 사용한다. CTI서버는 고객에게 전화를 걸었을 때 자동응답기, Busy신호음, 육성을 구별하여 통화된 고객을 통화 가능한 TM 직원에게 연결하는데, TM직원의 통화가능 상태를 파악해가며 Dialing 시간을 조절(예측에 대한 알고리즘이 프로그램으로 내장됨)하기 때문에 Predictive Dialing이라고 불리우며 설치비용이 비싼 것이 흠이다.

Pre-Call

다이렉트 메일을 송부할 경우나 회원가입 유도, 이벤트, 캠페인, 전시회 등을 실시할 때 사전에 수신할 고객에게 전화고지를 해서 개봉 촉진 또는 반응 효과를 향상시키기 위해 실시하는 콜을 말한다.

Queue(대기)

ACD내의 호 적체현상을 말하는데 기다린 순서대로 처리되어진다.

Remote Call Forwarding (RCF 원거리 호 착신전환)

멀리 떨어진 도시에서 그곳의 지역 코드로 된 전화번호를 돌리더라도 전화를 건 사람은 그 호의 경로변환 과정을 알지 못한 채 자동적으로 해당지역으로 호 경로를 변경시키는 방식. 착신자 요금부담 방식이다.

R-F-M (Recency-Frequency-Moneytary)

고객 포인트 또는 스코링 관리 시스템의 일종으로, R은 최근 구매일, F는 구매 빈도와 횟수, M은 구입금액을 의미한다. 각각 일정의 포인트를 설정하여 합계 포인트에 의해 고객 우선순위를 선정하는 것으로 고객로열티 관리의 전략으로 활용되고 있다.

Role Playing

작성한 스크립트를 기준으로 고객과의 회화방식을 맨투맨으로 실제로 사내에서 연습하는 것을 말한다. 스크립트 자체의 문제점이나 장점을 뽑아내고 텔레마케터가 무의식적으로 사용하는 나쁜 말이나 버릇을 체크할 수 있다. 텔레마케터의 교육이나 서비스 레벨을 일정하게 보유시키기 위한 계속적인 훈련으로 없어서는 안 될 중요한 작업이다.

RR (Response Rate)

여러 가지 프로모션을 실시했을 경우의 반응률을 말한다. 텔레마케팅에서는 다이렉트 메일, 텔레콜 등의 총 발신 수에 대한 수주우 또는 리드수의 비율을 말하고, 프리 다이얼을 고지했을 경우는 고지한 수량에 대한수신수의 퍼센트가 반응률이 된다. 고객반응 분석의 기초자료로 자주 활용된다.

Scheduled Call (예약콜)

고객이 항상 자리에 있는 것이 아니기 때문에 (대부분의 경우 통화 성공율은 30%정도에 불과) 상황을 판단하여 다음 Call을 성공할 수 있도록 준비해 놓는 것이 필요하다. 직접 통화를 한 경우에도 바쁜 고객이 특정시간에 통화하기를 요청하는 경우가 있고, 다른 사람(비서 등)과 통화한 경우에도 언제 통화할 수 있는지를 알아내어 예상 접촉시각을 미리 세팅해 놓는다. 세팅된 시간이 되면 통화계획을 화면표시 혹은 알람 기능으로 TM직원에게 알려주어 통화 성공률을 높여주는 매우 중요한 기능이다.

Script

고객과 통화중에 사용하는 상담화법을 유형별로 정형화하여 성공적인 상담을 추구하는데 이때 화면상에 Pop-up되어 나타나는 문구 안내를 스크립트라고 한다. 신입 TM직원에 대한 교육 자료로도 활용되며 직원들이 한 목소리를 내어 고객과 응대하게 되는 중요한 툴이다. 특히 판매를 위한 TM인 경우, 고객의 다양한 거절을 극복하는 Script를 활용함으로써 유연하게 응대하며 상담할 수 있다.

Speed Dial (단축다이얼)

자주 사용되는 전화번호의 경우 한 개 버튼으로 다이얼 될 수 있도록 프로그램된 전화기의 특성이다.

Supervisor

텔레마케팅 실무와 텔레마케터들의 업무를 지휘·감독하는 사람으로 인원의 확보 및 훈련에서부터 업무 관리 및 모니터링, 긴급시의 대응, 텔레마케터의 성과관리, 환경의 정비 등을 담당한다.

Tele-Communicater

텔레마케팅에서 실제 콜을 수·발신하고 고객과 커뮤니케이션 하는 사람을 가리킨다. 우리나라에서는 텔레마케터라 부르고, 일본에서는 단순히 커뮤니케이터, 오퍼레이터라고도 한다. 미국에서는 직종에 따라 TSR(Telephone Sales Representative)이나 CSR(Customer Service Representative) 등으로 부르기도 한다.

Telemarketing Agencies (텔레마케팅 대행사)

완벽한 텔레마케팅 프로그램을 만들고 이를 수행하고, 유지 관리하는 업무를 대행하는 회사를 말한다.

Trunk

전화국과 PBX 또는 그 외의 단말장치를 접속하는 통신경로를 말한다. 전화회사의 중앙국에서 비즈니스 전화시스템의 PBX에 이르기까지 사이의 회선 중에서 가장 이용자에게 가까운 회선 부분을 말한다.

UP-Selling

상품이나 서비스를 판매함에 있어 고객이 희망하는 상품보다도 한 등급 높은 상품 또는 판매단가가 높은 상품을 권하여 고객을 이해시켜 판매하는 방식을 말한다. 고객 프로필 데이터의 파악이나 텔레마케터의 폭넓은 상품지식, 적합한 스크립트를 필요로 한다.

∞ 참 고 문 헌 ∞

'CRM 구축의 포인트' - 네이버 지식iN
LG경제연구원
고객서비스실무, 박혜정, 백산출판사, 2005
뜨는 텔레마케팅 뜨는 텔레마케터, 김상미, 한국능률협회출판㈜, 2002
마음을 움직이는 힘 파워스피치, 윤치영, 선우, 2000
성공적인 텔레커뮤니케이터를 위하여, 김환옥, 창조문화, 1999
아웃바운드 텔레마케팅, 송현수, 새로운제안, 2000
이미지 메이킹과 서비스 매너, 정미영외, 청람, 2006.
최고의 텔레마케터가 되는길, 송현수, 새로운제안, 1999
친절서비스 감동교육, 김진익, 한글, 2003
친절서비스실무, 임송국, 홍익출판사, 2006
콜센터와 콜마케팅의 이해, 정성일 외, 청람, 2009.
텔레마케팅 실무포인트, 송현수, 새로운제안, 2002
텔레마케팅 총람, 한국텔레마케팅협회, KTCOM, 2002
텔레마케팅, Bob Stone, 이승창 외 번역, 매일경제신문사
텔레마케팅관리사 판매관리, 송현수, 새로운제안, 2002.
텔레마케팅실무, 금강마케팅연구소, 1994
한국 콜센터 산업의 현황과 과제, 한국콜센터산업정보연구소, 2007.

【저자소개】

임송국

- 일본 Doshisha Univ. 상학부 졸업 (상학사)
- 일본 Kobe Univ. 대학원 경영연구과 석사과정 졸업 (상학석사)
- 일본 Kobe Univ. 대학원 경영연구과 박사과정 졸업 (상학박사)
- 대구과학대학교 서비스유통과 교수(학과장)

<저서 및 역서>
- 서비스&세일즈 커뮤니케이션(공저), 배영출판사, 2012.
- 서비스마케팅실무(공저), 배영출판사, 2009.
- 텔레마케팅실무(공저), 홍익출판사, 2007.
- 친절서비스실무(공저), 홍익출판사, 2006.
- 유통론입문(저), 홍익출판사, 2005.
- 신마케팅론(공저), 도서출판두남, 2005.
- 일본기업의 환경마케팅(공역), 도서출판대명, 2002.
- 일본형유통시스템(역서), 비봉출판사, 1994.
- 경영전략론(역서), 도서출판석정, 1994.
- IMF시대에 있어서 소매기업의 경영성과 요인분석(한국학술진흥재단, 공모논문 1998)

이수진

- 계명대학교 교육학 석사
- 삼성전자서비스 고객지원센터 CS강사(92~06년)
- 대구시 인재개발원 위촉교수
- KT CS아카데미 위촉교수
- 영진전문대학교 디지털경영과 외래교수
- 대구과학대학교 서비스유통과 겸임교수
- 인앤에듀(사람과교육) 대표

<저서 및 논문>
- 서비스&세일즈 커뮤니케이션(공저), 배영출판사, 2012.
- 서비스마케팅실무(공저), 배영출판사, 2009.
- 텔레마케팅실무(공저), 홍익출판사, 2007.
- 기업 교육의 훈련유효성에 영향을 미치는 변인에 관한 연구

김은희

- 전남대학교 전자상거래학 박사과정
- 현) 광주여자대학교 교양교직과정부 조교수
- 광주여자대학교, 대구과학대학, 동강대학, 전주기전대학 외래교수

<저서>
- 텔레마케팅, 홍익출판사, 2012.
- 고객서비스관리사, KTEL ACADEMY, 2012.

텔레마케팅

인 쇄 / 2014년 2월 20일
발 행 / 2014년 3월 1일

공저자 / 임송국·이수진·김은희
발행인 / 김 창 석
발행처 / 홍 익 출 판 사

대구광역시 중구 동덕로26길 78(삼덕3가 245-2)
(053)421-6700, 427-3627
등록 1987년 11월 26일 제1-107호

정가 13,000원

ISBN 978-89-7826-233-0 93320

◈ 파본은 구입처에서 교환해 드립니다.